自治体議会の
政策サイクル

議会改革を
住民福祉の向上につなげるために

編著
江藤俊昭

著
石堂一志・中道俊之・横山 淳・西科 純

公人の友社

目　次

はじめに ………………………………………………………… 6

序章　議会からの政策サイクルと議会・議員評価の意義
　　　──住民自治を進める議会改革を住民の福祉向上につなげる──
　　　………………………………………………………………… 9

1　議会改革の前史から本史へ──浮上した課題…………… 10
2　議会改革の本史の実践と新たに浮上した課題…………… 12
　(1)　議会からの政策サイクル、フォーラムとしての議会 ……… 12
　(2)　自治基本条例・議会基本条例のバージョンアップ
　　　　　　　　　　　　　　　（体系性・組織・権限）… 13
　(3)　自治体間連携・補完における議会の役割 …………… 14
　(4)　新しい議会の条件整備 ………………………………… 15
　(5)　自治を創出するための主権者教育・市民教育 ……… 15
3　地方議会の新たな挑戦……………………………………… 17
4　先進議会の個性……………………………………………… 19
　(1)　議会・議員評価を議会基本条例に規定し、『議会白書』を
　　　　　毎年刊行している北海道福島町議会… 19
　(2)　「議会活性化計画」および「議会・議員研修計画」を
　　　　　実践している北海道芽室町議会… 21
　(3)　議会基本条例を活用することで構築した新たな
　　　　　「政策形成サイクル」を創り出した会津若松市議会… 22
　(4)　日本経営品質賞の発想を
　　　　　議会改革に適応している滝沢市議会… 23

第1章 住民自治の向上につなげる議会改革
　　　──議会改革と「議会からの政策サイクル」── ………… 25

1　地方政治の「負の連鎖」からの脱出 ……………………… 27
　(1)　議会運営の負の連鎖の蔓延 ………………………… 27
　(2)　議会運営の負の連鎖からの脱出の可能性 ………… 31
2　住民福祉の向上を担う議会を創り出す ………………… 33
　(1)　動き出した議会改革 ………………………………… 33
　(2)　議会からの政策サイクルの特徴 …………………… 34
　(3)　議会からの政策サイクルの動向 …………………… 35
　(4)　地域経営の軸としての総合計画にかかわる議会 … 37
　(5)　「地方創生」をめぐる議会の役割 …………………… 39
3　地域経営におけるサイクルとは ………………………… 43
　(1)　執行機関のPDCAサイクルとは異なる議会の特性 … 43
　(2)　行政による政策サイクルと議会からの政策サイクルの相違 … 45
　(3)　地域経営をめぐるPDCAサイクルの射程 ………… 46
　(4)　議会からの政策サイクルを実質化させる通年的、
　　　　および通任期的発想と実践…… 49
　(5)　非常時と日常的議会活動とをつなぐ ……………… 49
4　議会からの政策サイクルと議会・議員評価……………… 52
　(1)　議会からの政策サイクルの作動と議会・議員評価 … 52
　(2)　議会・議員評価の対象 ……………………………… 53
5　市町村議会の課題とその打開の方途…………………… 56
　(1)　3つの特徴による負の連鎖とそれを断ち切る手法 … 56
　(2)　新しい議会の条件整備 ……………………………… 58
　(3)　議会事務局の充実強化 ……………………………… 59
　(4)　議会改革の連続性の保障 …………………………… 60
　(5)　議会・議会事務局のネットワーク ………………… 61

第2章 〈実践報告〉 北海道・福島町議会 ……………… 65

自治体・議会の紹介 ………………………………………………… 66
北海道・福島町議会報告内容から ………………………………… 69
　(1) 議会改革の到達点 …………………………………………… 69
　(2) 議会・議員評価の意義 ……………………………………… 79
　(3) 議員や住民の感想や変化 …………………………………… 82
質疑応答 ……………………………………………………………… 103

第3章 〈実践報告〉 北海道・芽室町議会 ……………… 109

自治体・議会の紹介 ………………………………………………… 110
北海道・芽室町議会報告内容から ………………………………… 112
　(1) はじめに ……………………………………………………… 112
　(2) 議会改革の到達点 …………………………………………… 113
　(3) 議会・議員評価の意義 ……………………………………… 119
　(4) 議員や住民の感想や変化 …………………………………… 123
質疑応答 ……………………………………………………………… 125

第4章 〈実践報告〉 福島県・会津若松市議会 ………… 129

自治体・議会の紹介 ………………………………………………… 130
会津若松市議会報告内容から ……………………………………… 132
　(1) はじめに ……………………………………………………… 132
　(2) 会津若松市議会の目指す議会像 …………………………… 132
　(3) 会津若松市議会の市民参加型政策サイクル ……………… 134
　(4) 議会評価を考える …………………………………………… 142
質疑応答 ……………………………………………………………… 149

第5章 〈実践報告〉 岩手県・滝沢市議会 ……………………… 155

自治体・議会の紹介 …………………………………………………… 156
滝沢市議会報告内容から（議会改革の到達点） ……………………… 158
(1) はじめに …………………………………………………… 158
(2) 滝沢市における自治を考える文化の芽生え …………… 158
(3) 滝沢市議会の改革の動き ………………………………… 160
(4) 滝沢市議会がめざす状態 ………………………………… 160
(5) 議会の意思決定について ………………………………… 162
(6) 議員間の自由討議について ……………………………… 165
(7) 統合度について …………………………………………… 166
(8) 議員間討議導入の試みについて ………………………… 168
(9) コミュニケーションする議会へ ………………………… 170
(10) 通年で活動する議会へ …………………………………… 171
(11) 住民福祉の向上のための改革 …………………………… 173
(12) 議会改革から議会評価へ ………………………………… 174
(13) 議会事務局のイノベーション …………………………… 177
質疑応答 ………………………………………………………………… 178

終章　議会改革と議員の資質向上
　　　──参加者との討論を踏まえて── ……………………………… 183

認識を共有したい２つのこと ………………………………………… 184
(1) 議会は「地方自治の根幹」 ……………………………… 184
(2) 議決権限・責任の重さの自覚
議会が市民を巻き込んで住民福祉向上の政策を …………………… 188
議会改革のもう一歩──参加者の意見を踏まえて── …………… 190

おわりに ………………………………………………………………… 199

はじめに

　議会改革の到達点を確認し、今後の住民自治の充実の方向を模索する著の1つとして刊行します。失礼なことは重々承知していながらも極論すれば、自己満足の議会改革から脱却することを目指します。住民自治を推進し、住民の福祉向上を進める議会こそが求められなければならないことを強調しています。

　もちろん、今日の議会改革の多くは、中央集権時代に培われてきた議会のあり方、地方政治文化からの脱却という歴史的な意義があります。その金字塔は、北海道栗山町で制定された議会基本条例であり、その後広がった議会基本条例制定運動とそれに基づく議会改革の実践です。「住民自治の根幹」としての議会の作動の基点・起点を創り出しています。

　ちなみに、「住民自治の根幹」という用語は、第29次地方制度調査会答申で活用されているものです（第26次地方制度調査会答申でも同様）。だからこそ、地域経営にとって重要な権限はすべて議会の議決事件（地方自治法96）になっているのです。私自身は、住民自治の根幹だから、団体自治の重要な権限は議会に付与されていると説明します。この関係を「地方自治の本旨」（憲法92）との関連で、「住民自治と団体自治の結節点」としての議会という的確な表現をしているのは、今村都南雄中央大学名誉教授です。

　ようやく、このような住民自治や地方自治の本旨を念頭に議会のあり方が問われる時代になり、議会改革が一気に進展してきました。とはいえ、この動向は住民から見れば当たり前、当然の動きだとうつることでしょう。議員からすれば「力のいる」「肩に力の入る」新たな議会運営であっても、住民からすれ

ば単なる議会運営の改革にすぎません。重要なことは、住民自治を進化させ、住民の福祉向上に役立つ議会を創り出すことです。

　いわば、今日重視されている議会改革は、議会運営の断面図を素描したものです（共時的発想）。住民に開かれ住民と歩む議会、質問とともに議員間討議を重視する議会、それらを踏まえて首長等と政策競争する議会、といった要素が加味されることになるでしょう。それらの要素をプロセスとして観察したのが、本著で強調する議会からの政策サイクルであり、その評価です（通時的発想）。

　もちろん、両側面・両方の発想は、同じこと（同一事象）のアングルを変えたものとなる場合もあります。議会改革というとどうしてもその断面（共時的発想）が強調され、住民自治の進展や住民の福祉向上が軽視されている場合もありました、というより多かったのではないでしょうか。議会改革が目的ではない、住民自治の進展、住民の福祉向上が目的であると強調しているのはこの文脈です。本著では、議会からの政策サイクルとその評価（議会・議員）をキーワードとしています。

　序章では、今日の議会改革の動向を「本史の第二段階に突入した」として概観しています。その際の課題を抽出もしています。

　第1章では、議会からの政策サイクルとその評価の意味を、いままでの議会改革の動向と到達点を踏まえて展望しています。PDCAサイクルの重要性を認識しつつも、その範囲を確定するとともに、地域経営においては、それに2つのD（議会における討議と決定・決断）を挿入することの必要性も強調しています。なお、議会は重要な権限を有しているといっても現状においては万能ではなく、それを動かす条件（議会事務局、議員報酬等）が整備されなければならないことも同時に強調しています。

　そして、第2章から第5章までが、本著の主役である実践報告です。北海

道福島町議会、同芽室町議会、会津若松市議会、滝沢市議会、といった先駆的議会の議会改革の動向を議会からの政策サイクルとその評価という視点から紹介しています。気が付かれると思いますが、この4つの議会のうち、その実践事例の報告は3人が議会事務局長です。議会改革と言えば、議会が主語になりますが、議会事務局の役割が重要であることも改めて確認できるでしょう。

　最後に、まとめの終章では、4議会の紹介者の想いを語っていただいています。ワンフレーズとはいいませんが、短い発言にそれぞれの想いが満ちています。

　新たな住民自治の息吹を感じ取ってください。

2016年3月3日

共著者を代表して　江藤俊昭

＊「議会からの政策形成サイクル」という用語が、「議会業界」では広がっています。会津若松市議会が率先して用いています（そのタイトルの本も出版しています）。これの視点や実践は、本著の趣旨と合致しています。とはいえ、政策サイクルは、形成段階、執行段階、評価段階があります（形成段階をより緻密に見るべきだということは本論で議論します）。会津若松市議会も、他の議会も重々承知しているように、政策過程（政治過程、政治行政過程：political process）全体にかかわることが必要です。政策形成サイクルではなく、本著では主に政策サイクルを用いているのはこのためです。

＊本著の原型は、「おわりに」でも述べるように、1つのフォーラムです。その際の臨場感を持たせる話し言葉になっています。重複がある場合もありますが、強調したい事柄だとしてお許し願いたいと思います。なお、その際の質問者を参加者としています。参加者Aは、各章に現れますが、同一人物ではありません。

序章

議会からの政策サイクルと議会・議員評価の意義

――住民自治を進める議会改革を
　住民の福祉向上につなげる――

1　議会改革の前史から本史へ——浮上した課題

　地方議会改革は急展開しています。今日議会改革は本史に突入し、その本史の第1段階から第2段階の移行期にあります。

　結論を先取りすれば、広がっている議会改革は重要であるとしても、それ自体が目的ではない。議会改革を住民の福祉向上につなげることです。さらに、そのことによって、住民自治の推進、地方政治の活性化につなげることです。

　議会改革の本史の基点・起点は、やはり平成18年（2006年）、北海道栗山町議会が議会基本条例を制定した時であり、その基準は、従来と異なる新たな議会のあり方をそこに明確に位置づけたことです。具体的に言えば、住民に開かれ住民参加を促進する住民と歩む議会、それを踏まえながら質問の場から議員間でしっかり議論しよう、その後の質問はもっと説得的になるという討議する議会です。議員間討議は、論点を明確にし、妥協であれ当初想定していない提案（第三の道）であれ、合意を形成する場合もある。そうした議員間討議が議会にとって大事だという認識であり実践です。そして、それらを踏まえながら執行機関と政策競争をしっかりやる。北川正恭早稲田大学名誉教授は「善政競争」、私の言葉では機関競争主義と言いますが、それを行い住民の福祉の向上につなげる。このようなことを明確に宣言したのが、北海道栗山町議会基本条例です。

　その制定によって、議会改革の本史に突入したと断言しましたが、その前はどうだったか。議会改革ではなく多くは議会活性化という名称が用いられていました。具体的には一問一答方式をやりました、対面式の議場にようやくしま

した、あるいは委員会を公開にしました。今だったら「これが改革…」といってしまうようなものまで活性化だといって、20 年も 30 年も同じようなことが提案されていました。ご存じのように、今日それらは当たり前になって誰も声高に言わなくなっています。こうしたことが議会改革（議会活性化）の前史だと思っています。それは、中央集権体制下で、議会の重要な役割が位置づけられていない中で、そうであっても頑張ろうとする議会が改革の道筋をつけていました。それが前史の改革です。

　時代が変わり、地方分権改革の中で議会の役割が問われてきた。それに真摯に対応したのが栗山町議会を先駆とする議会でした。したがって、議会改革の本史は、地方分権改革の申し子であって、栗山町議会に限定されるものではありません。全国に広がる要因がありました。

2 議会改革の本史の実践と新たに浮上した課題

　本史に突入した議会改革の要素、住民と歩む議会、議員間討議を重視する議会、首長等と政策競争をする議会、これらの実践と、それを宣言した議会基本条例の制定が広がっています。

　その動向については、今日さまざまな文献が刊行されています。この議会改革が本史に突入して、新たな課題が浮上しています。この課題に応えることは、困難はありますが、歴史を進める際に必ず通過しなければならないものです。議会改革の弁証法と呼んでいます。つまり、本史の改革をさらにバージョンアップさせるものです。

　本史に入った段階、その実践の中で、新たに浮上した課題を確認しましょう。

(1) 議会からの政策サイクル、フォーラムとしての議会

　議会からの政策サイクルを回さない限り、つまりプツンプツンと定例会で切られてしまったら住民の福祉の向上につながらない、追認機関にならざるを得ない。議会活動の連続性が必要です。定例会を1回とした通年議会や、自治法において新たに規定されたもの、さらには定例会は4回としながらも閉会中にも委員会を中心にしっかりと活動しようとする議会も含めて、通年的な発想で活動する議会は広がっています。さらに、議員任期は4年間ですから4年間の議会の目標を決めてそれを意識して活動して、首長・行政と政策競争をする。こうした通任期的な発想や実践も生まれています。

それらの活動の中心には地域経営の軸としての総合計画があることが認識されてきています。これは行政もそうですが、議会としても総合計画を地域経営の軸にしっかりと位置づけて対応できているかどうかが重要なポイントです。これが議会からの政策サイクルという議論です。これをある程度意識しながら議会運営ができるか。この明確化と実践の課題が浮上しています。

　これの表裏の関係が、議会・議員だけが頑張るわけではなくて、フォーラムとしての議会の必要性です。議会という議場（参考人・公聴会の活用、陳情・請願の代表者に議会で発言する機会を付与）あるいは外に出てもいい（議会報告会等）のですけれども、住民の声を聞きながら住民と一緒に地域経営を考える。また、首長は敵ではないのですから、首長・行政職員とも一緒になって議論しながら地域経営を考える。さらに、住民、議員、首長等の三者で討議ができる空間（新城市のまちづくりフォーラム等）をどれだけ議場で、あるいは議場の外で作れるかどうか。そうしたことが必要ではないかということが新しい議会の課題になっています。

(2) 自治基本条例・議会基本条例のバージョンアップ（体系性・組織・権限）

　議会からの政策サイクルを回すためには、ルールとしての自治基本条例や議会基本条例も必要になってきています。最初の議会基本条例の制定からまだ10年ですが、800弱自治体が制定しています。1,700強の自治体のうちですから、あっという間にこれだけ広がった。議会基本条例の「バクハツ」と言っているのは、こうした制定自治体数の増加だけではなくて、議会基本条例に書かれている内容、つまり本史に突入した要素が当たり前のこととして認識され規定されているからです。歴史的にはすごいことです、これだけ急激にですから。時代というのはこのように進むのかと実感しているところです。

ただし、課題もあります。自治基本条例や議会基本条例の中に権限や組織について憲法や法律に遠慮してほとんど書き込まれていない。地方自治法や公職選挙法に規定されている事項も、憲法に書いてある事項もほとんど書き込まれていません。なお、自治基本条例があるところは、その中に議会に関する条文が極めて少ないことは驚くべきことです。「住民自治の根幹」としての議会の条文です。そういうことも含めて、もう一度それぞれの自治体で「最高規範」というからには、体系的なものをどうやって作り出せるかという課題もあります。

(3) 自治体間連携・補完における議会の役割

議会改革というとそれぞれの自治体ごとの改革ですが、住民にとって重要な政策は、直接それぞれの自治体の行政が行なっているだけではありません。介護保険関連、上下水道事業などは、自治体間連携で行っていることも多いのではないでしょうか。一部事務組合・広域連合といった特別地方公共団体を組織するものや、委託、共同設置、最近では定住自立圏などさまざまな連携があります。平成の市町村合併後には、自治体間連携あるいは都道府県による補完が非常に大事なポイントになっています。

ここにも議会は積極的に関わっていかなければなりません。自治体間連携にむけてひとたび議決したら、議会の役目は終わりではない。なぜならば、そうした自治体間連携によって提供しているサービスも住民にとっては非常に重要なものです。一部事務組合・広域連合の議会の議員になっている方は、その議会の改革を進めること、今日実践されている地方議会改革を応用することが必要です。同時にそれらを含めて自治体間連携・補完においても当該市町村議会、とりわけ所管の委員会が常に議論をして監視することが必要です。必要があれ

ば関係者を参考人で呼ぶこともできます。自治体間連携・補完は重要であり、当該自治体の議会は常に広域的なサービスにも関心を持ち議論をする必要があります。

(4) 新しい議会の条件整備

新しい議会にはそれに適した条件が整備されていなければ作動できるわけはありません。

議員報酬・定数、政務活動費、議会事務局（議会局）、議会図書室などの充実が不可欠です。削減からはじめる改革は、議会改革とは呼べません。議会改革と行政改革はまったく異なるものです。効率性を重視するのが行政改革。それに対して、無駄はもちろん省いた方がよいのですが、議会改革の基本原則は、地域民主主義の実現です。そのための条件整備が必要になっています。現在議員になっている人が動きやすい環境を整えるだけではなく、将来議員になる人も立候補しやすく活動しやすい環境が必要です。この条件整備を住民とともに考える。主権者教育・市民教育の意味もあります。

(5) 自治を創出するための主権者教育・市民教育

その主権者教育についてですが、18歳選挙権年齢引き下げに伴い盛んに強調されているテーマです。文部科学省や総務省は高校教育に生かすべく、副読本（『社会に参加し、自ら考え、自ら判断する主権者を目指して〜新たなステージ「主権者教育」へ〜』）を提出しています。主権者教育は重要ですが、主に学校教育への導入を念頭に置いています。主権者教育は、若者だけの問題ではないこと、また学校教育における主権者教育は重要であるとしても、あくまで

学校の中での教育です。それとともにまちづくりなど政治や行政に参加して、それが住民に身近だということを実感し、継続的に参加するという意識を高め行動に結びつけることが必要です。さらに行政への参加だけではなく、議会への参加によって「住民自治の根幹」としての議会を理解してもらうことも必要です。まさに、議会からの主権者教育です。議会報告会や議会モニター制度の充実強化などはこの文脈でも考えてよいでしょう。

　同時に、新たな議会は首長との緊張関係を創り出し、そのことによって行政職員も成長します。議会改革は、この意味でも住民自治を進めるものです。

3　地方議会の新たな挑戦

　議会改革の本史の第2段階には、これらの課題が浮上しそれに応えることが今日重要となっています。

　本著は、そのうちの議会からの政策サイクルの意義と現状、およびそれを行うことは議員や議会の評価をせざるを得なくなるということの確認とその手法を主題的に議論します。政策サイクルを回しました。回して終わりではないのです。議会は一体どのように活動したか。それが住民のためにどうなったかということも含めてしっかり評価をしていかなければいけない。

　なお、浮上している課題のうち、議会からの政策サイクルについて主題的に考えていきますが、他の課題を無視するわけではまったくありません。ここで取り上げた5つの課題はすべて関連しています。自治基本条例・議会基本条例のバージョンアップは、議会からの政策サイクルの作動の根拠を明確に位置づけるものです。自治体間連携・補完における議会の役割は、自治体間連携によって公共サービスに責任を持つ視点からは、議会からの政策サイクルを作動させなければなりません。また、新しい議会の条件整備は、当然議会からの政策サイクルを有効に作動させるための環境を創り出すことです。そして、自治を創り出すための主権者教育は、議会からの政策サイクルの起点であり、議会と並走する主体を創り出すことでもあります。このように、浮上している課題を相互に結び付けるのが議会からの政策サイクルです。したがって、今後の住民自治にとっての基点・起点が議会からの政策サイクルなのです。

　そこで、議会改革の最先端であり、議会からの政策サイクルを意識している

4つの議会を素材に議会からの政策サイクルと議会・議員評価を学びます。なお、本著では主要には紹介していませんが、可児市議会、大津市議会などは、これら4つの議会の動向と軌を一にしています。

4　先進議会の個性

　4つの議会は、それぞれ次のような特徴を持っています。最初に確認をしておきましょう。

(1)　議会・議員評価を議会基本条例に規定し、『議会白書』を毎年刊行している北海道福島町議会

　明確に議会・議員評価を『議会白書』を刊行して主題的におこなった議会として福島町議会があげられます。『議会白書』の具体的な内容は「議会の運営に関する基準」に定められています。『白書』はボリュームのあるものになっています（2015年度版は130頁を超えていますし、最初の刊行である2011年度版は200頁を超えていました（議会概要、条例・規則も含まれていました））。詳細はぜひ実際に手に取って読んでいただきたいと思います。

　「開かれた議会づくりの足取り」「開かれた議会づくりの実践」（この中には「行動計画の実施状況」と今後の取組も含まれている）からはじまり、「議会白書」として本会議の審議、常任委員会等の活動、議会の活性度・公開度・報告度・住民参加度・民主度・監視度・専門度、事務局の充実度、適正な議会機能それぞれの実態が掲載されています。その他、資料も豊富です（議会による行政評価（事務事業、議会報告、諮問会議の答申、政務活動費、福島町議会を視察した市町村等、会議・行事等の出席状況、議長・副議長、議会の評価・議員の自己評価の結果））。

『議会白書』の刊行は明確に議会基本条例に規定されています。「議会は、町民に議会・議員の活動内容を周知し、情報を共有することにより、議会活動の活性化を図るため、しっかりと現状を把握し議会の基礎的な資料・情報、議会・議員の評価等を1年毎に調製し、議会白書として町民に公表する。」となっています（基本条例17①）。目的は、「議会活動の活性化」であり、そのために資料の提供とともに、議会等の評価が必要であるという視点です。その上で、議会、および議員の評価を1年ごとに行い公表することとなっています（基本条例17②③）。

　『議会白書』は、議会改革への評価であるとともに、住民の福祉向上への評価を含んでいます。たとえば、議会に対する賛成討論・反対討論が簡潔にまとめられています。

　「白書」という言葉を意識して1年ごとを強調していますが、その白書を継続的に読めば通任期の評価となります。

　なお、福島町議会は、議会に関する条例体系を創り出しています。今日、条例体系を創り出し透明性を増加させようとしている議会もあります。福島町議会は、早い時期にまとまった条例体系を作り出しました。その意欲はすごいものです。列挙しておきましょう。

> 福島町議会基本条例、福島町議会基本条例に関する諮問会議条例、福島町定住自立圏形成協定の議決に関する条例、福島町議会会議条例、福島町議会の運営に関する基準、議場における発言等に関する運用基準、福島町議会への参画を奨励する規則、福島町議会議員研修条例、福島町政務活動費の交付に関する条例、福島町政活動費の交付に関する規則、福島町議会議員の不当要求行為等を防止する条例、議会議員の歳費及び費用弁償等に関する条例、福島町長の専決処分事項の指定に関する条例、福島町議会事務

> 局設置条例、福島町議会事務局の組織に関する規則、福島町議会の公印に関する規程、福島町議会だより発行規程

(2)「議会活性化計画」および「議会・議員研修計画」を実践している北海道芽室町議会

　芽室町議会の動向は、議会改革のデパートといってもよいでしょう。議会改革の最先端を知る良質の豊富な素材が詰まっているという意味です。それらを一言でいえば「議会からの政策サイクル」です。

　議会改革を「議会活性化計画」、および議会・議員研修を「議会・議員研修計画」に基づき着実にそして継続的に進めています。これらの策定と実践を議会基本条例に明記しています。議会改革を一過性に終わらせることなく継続的に行おうとする議会の意思が示されているとともに、充実した体系的戦略的な研修によって議会改革を住民の福祉向上につなげようという強い意思も感じられます。

　「議会活性化計画」の内容を読めば、議会改革が進化を遂げていることが理解できます。単年度でPDCAサイクルを回しながら改革を行っていますが、改革の視野は「1つの組織として任期4年間の議会活動を次期に着実に継承」することが目指されています。単年度（通年）だけではなく、通任期を意識したものとなっています。研修では、一般研修の他に専門研修が配置され、議会としての戦略的取り組みが理解できます。

　通年議会をベースとして、議会広報の毎月発行、行政評価、委員会調査、先進地事務調査、町民との意見交換会、議会モニター会議、決算審査、政策討論会、首長等への政策提言を行っています。これらは、他の先進自治体でも行われるようになっています。これを強化する「一般質問・質疑の追跡システム」「先

進地事務調査フィードバック・システムの構築」も導入されました。それらが体系化されたサイクルによってパワーを発揮することになります。

　これを進めるための条件（定数・報酬等）を住民が提案する「議会改革諮問会議」の設置は有効です。これによる答申は、議会を知る住民による説得的な提案です。議会白書は、新人議員のテキストとしても活用されています（立候補する住民にとっても有用）。

　なお、法定も含む審議会等委員への議員の就任の全廃は、議会による実践を踏まえた法改正を目指す（「議会からの政策法務」）ものです。地方自治制度改革に一石を投じたものといえます。

(3)　議会基本条例を活用することで構築した新たな「政策形成サイクル」を創り出した会津若松市議会

　従来の政策サイクルといえば、行政主導の政策サイクルがイメージされます。自治型社会の時代には、住民主導の二元代表制を作動させなければなりません。会津若松市議会は、議会側からの政策サイクル（会津若松市議会の言葉では政策形成サイクル）を理論化し実践しています。三重県議会の「新しい政策サイクル」をさらに発展させシステム化した意義は大きいものです。

　議会基本条例に明記した政策形成サイクルを軸にした議会側からの政策サイクルの理論化と実践です。水道事業の民営化問題（第三者委託）、議員報酬・定数等のあり方をこのサイクルで実践し成果をあげている。これ自体高く評価されるべきものです。同時に、今日では地域経営の軸である総合計画等にもかかわるようになっています。また、意見交換会を住民からの聴取としても位置づけています。

　昨年の選挙前には、4年間の集大成の報告書をそれぞれ政策討論会分科会か

ら提出しています。

(4) 日本経営品質賞の発想を議会改革に適応している滝沢市議会

　滝沢市議会は、市制施行を機に議会改革のさらなるバージョンアップを図りました。それらのさらなる改革の1つに議会・議員評価があります。滝沢市(当時、滝沢村)は、2006年度日本経営品質賞(日本生産性本部、1996年度より開設、自治体受賞は滝沢村のみ)を受賞していますが、その応用を議会改革に活かそうとしています。日本経営品質賞はマネジメントのイノベーションによって卓越した組織経営を実現し、かつ着実な成果を出した組織を表彰する制度ですが、その重要な要素の1つはコミュニケーションをベースとしていることです。

　滝沢市議会は、市民起点による対話や広聴活動を展開するほか、議会活動の理念に価値前提や全体最適の考え方を導入しています。これらの考え方を議会に導入するのは難しいといわれながらも滝沢市議会では可能な部分を応用して議会改革を進めています。組織の状態を毎年定点観測しながら、その成熟度を評価し、自らの気づきによって強みと弱みを明らかにして改革を継続していく手法です。評価の視点としては、例えば議長や委員長のリーダーシップの状態、市民との対話の状態(議会報告会や市民懇談会)、意思決定プロセス前の合意形成プロセスの状態(ダイアローグによる議員間討議)、支援部門の変革(議会事務局のイノベーション)、議会活動や議員活動の結果(アウトプット)や成果(アウトカム)等々であり、評価の方法は、5段階の成熟度によって議会が果たしている役割や価値を議会自らが合議によって評価しています。このセルフアセスメントによって気づいた内容をもとに議会改革推進会議で改革テーマが議論され、計画的に改革が進められます。当然そこにはPDCAサイクル

の発想が挿入され、年次を超えた通任期的な評価が想定されています。

その際、さまざまな課題を検討することになりますが、その中の1つは、4年間の議会・議員評価の手法です。議会からの政策サイクルを強調し、通年的な発想はもとより選挙を軸にした通任期的な発想が基礎となっています。同時に、フォーラムとしての議会をさらに実質化するために、住民と議員を結び付ける選挙に第一級の位置を与えています。議会・議員評価の手法の開発は重要ですが、それを集大成するのは選挙です。その選挙と議会・議員評価との関係も探ることになっています。

＊＊＊

それぞれの動向について、確認する前に、今日の地方政治、地方議会をめぐる動向、および本著の課題である議会からの政策サイクルの現状と論点、さらには議会・議員評価の視点を簡単に確認していきましょう。

（江藤　俊昭）

第1章

住民自治の向上につなげる議会改革

――議会改革と「議会からの政策サイクル」――

本著では、議会からの政策サイクルとその成果の最先端の動向を確認します。ここでは、これらを理解するために、今日進展している議会改革の現状を共有しておきましょう。議会からの政策サイクルへと至る議会改革の動向であり、それを支える条件を含めた議会改革の裾野の理論と実践についてです。

　その意味では、本章は本著の基礎であり入門編の意味があります。一般の市町村議会を中心としますが、指定都市や都道府県の議会でも活用してほしい論点がほとんどです。

1　地方政治の「負の連鎖」からの脱出

(1)　議会運営の負の連鎖の蔓延

　今日、市町村議会は今まで以上に大きな困難を抱えています。議員報酬額や議会事務局職員数の少なさといった条件の下での困難さです。

　自治をめぐる環境は大きく変わっています。地方分権改革により地域経営の自由度は高まり、財政危機の深刻化は「あれもこれも」から「あれかこれか」を選択することが必要になっています。決まったことを実施する従来の地方行政重視から、さまざまな利害・要求を調整し統合する決定（決断）、まさに政治の役割が高まりました。今日、公共施設の老朽化問題が浮上していますが、その統廃合には合意、つまり政治が重要となっています。こうした環境では、地域経営上の権限を有している議会の責任が問われることになるのです。

　議決責任の自覚は、議会改革を大きく進めます。逆にいえば、それを自覚しなければ議会改革は進みません。議決責任は、説明責任を伴います。可決・否決の告知はたんなる報告であって説明責任を果たしたことにはなりません。なぜ可決・否決されたか、論点は何かの説明が必要です。そのためには、首長等への質疑とともに、議員間討議が必要です。議員間討議を充実させるには議員の独善性を排除しなければならず、そのためには一方では調査研究を充実させ議員の政策提言・監視能力を高めること、他方では特定の住民の声だけではなく多様な住民の声を吸収できる制度が必要となります。この議決責任の自覚によって、住民と歩む議会、議員間討議を重視する議会、そしてこれらを踏まえ

て首長等と政策競争する議会が誕生します。

表　地方政治（議会運営）の負の連鎖と正の連鎖（一般市、市町村）

<外部環境>①少子高齢化や人口減少といった課題が山積、②地方分権改革による地域経営の自由度の向上、財政危機による選択と集中、③国政や地方を問わず政治・行政への不信の蔓延		
負の連鎖	<議会>解決が困難な課題に直面し、責任はますます重くなる。閉鎖的で、議論もなく追認機関化している従来の議会は対応できない。	<住民>身近な課題を地方議会や首長にぶつける。従来の議会運営ではそれに応えられない。そもそも、議会運営は見えない。課題に応えられない議会ならば、その設置の意義が失われる。議員定数や報酬の削減要求に結び付く。
	新たな課題を追求するための時間と労力の負担増→それにもかかわらずコスト削減要求の高まり、尊敬されず→やりがいの欠如→立候補者の少なさ→議員の属性の偏り（高齢者、男性）→新たな課題の解決が困難となり、住民の不信を広げる	
正の連鎖（の可能性）	<議会>議決責任を自覚し、新たな課題の解決に果敢に挑戦するために、新たな議会を創り出す。そのための条件（議員定数・報酬等）を整備する必要を住民とともに議論する。	<住民>議会の見える化の推進、住民との意見交換など住民と歩む議会によって、住民の福祉向上のために活動する議会・議員を知る。問題はありながらも、議会が住民に寄り添おうということを実感する。
	新たな課題の追求にとって重要な議決責任を自覚→それを行使するための時間と労力の負担増→それに対応するコストの維持・向上、尊敬とはいえないまでも不信の解消→やりがいの向上〔→立候補者の増大→議員の属性の偏りの解消→新たな課題の解決、住民の不信の解消〕	

注：正の連鎖に可能性を付しているのは、また括弧〔　〕を挿入したのは、連鎖が実現しているわけではなく、今後の課題も含んでいる。また、これには労働法制の改革も必要である。
〔出所〕江藤俊昭「地方議会の今」『Voters』2014年10月号。

これを自覚する議会が広がってきたとはいえ、いまだ多数派ではありません。自動的に議会改革、住民自治の充実が進むわけではないからです。住民も議会・議員もその努力が必要です。時代が変わっても、一方で住民の不信が蔓延し、議員報酬・定数削減要求に結び付いています。つまり、身近な課題を地方議会や首長にぶつける。従来の議会運営ではそれに応えられない。そもそも、議会運営は見えない。課題に応えられない議会は、その存在意義が失われる。それでは議員定数や報酬の削減要求に結び付きます。他方で住民に理解されていないと感じている議会は、新たな議会運営の条件も装備できず、従来の議会運営を継続させることになります。これらから、地方政治（議会運営）の負の連鎖が生まれているのです。＜新たな課題を追求するための時間と労力の負担増→それにもかかわらずコスト削減要求の高まり、および住民からの不信・不満の広がり→やりがいの欠如→立候補者の少なさ→議員の属性の偏り（高齢者、男性）→新たな課題解決の困難とそれによる住民の不信の蔓延＞、といった地方政治の負の連鎖です。

　町村議会議員の意識調査によれば、議員定数についての議員の意識は、ほぼ10年前と比べて、「多い」18.5％（△4.4％）や「適正である」55.6％（△14.0％）が減少し、「少ない」22.2（15.4％増）は大幅に増加しています（2011年、1989年比較）。また、議員報酬について、「高い」5.0（△0.6％）や「適正である」31.7％（△12.2％）が減少し、「低い」56.8％（19.9％増）は大幅に増加しています（全国市町村議会議長会『市町村議会議員の活動実態と意識』（本論・補遺）2013年）。こうした議員意識の変化は、議員定数・報酬の大幅な削減によるものでしょうが、議会活動が従来とは大きく異なっていることもその理由にあるのでしょう。一議会の定数は、15.7人から12.8人となっています（町村議会、2001年、2011年）。また、議員報酬は、217,282円から209,930円へと減少しています。

また、議員になっての不満は「特にない」32.0％いるものの、それ以外（実際には無回答3.5％、無効0.2％も除いて）の64.3％の議員には不満があります。不満のある議員のうち、「意見が思うように通らない」50.4％と並んで「報酬が低い」50.1％がその不満の原因として多くなっています。続いて「住民が評価してくれない」26.1％、「自由な時間が少ない」25.4％となっています。議員は多様な活動をしているにもかかわらず、条件が整備されていないことや、住民からの評価が低いことが不満の要因となっています。

　これらの意識は、なにも町村議会議員だけではなく、都道府県議会議員や指定都市議会議員を除けば、一般の市町村議会議員の多くにも妥当することでしょう。これらによって、投票率が低下したり、議員選挙の際に立候補者が定数に満たない場合も少なくありません。町村議会議員選挙における改選定数に占める無投票当選者数の割合21.8％（前回20.2％）となっています（統一地方選挙（2015年）、総務省資料（たとえば、小谷克志「第18回統一地方選挙を振り返って」『選挙』2015年6月号））。なお、都道府県議会議員選挙でも過去最高の21.9％（前回17.6％）が無投票当選となっていますが、別の要因です（江藤俊昭「地方政治の空洞化か！」『自治日報』2015年4月24日付））。ちなみに、市長選挙の無投票当選者率は30.3％（前回17.0％）、町村長選挙の無投票当選者率は43.4％（前回47.9％）にまで及んでいます。

　こうした負の連鎖を打開するためには、議会は住民の前に登場することが必要です。議会への不満が蔓延していますが（約60％、古い調査ですが、現在でも妥当だと思われます（日本世論調査会（2006年12月実施）のアンケート結果）））、その理由で最も多いのが、議会が何をやっているかわからないというものだったからです。

(2) 議会運営の負の連鎖からの脱出の可能性

　議会活動が見えないという住民の不満を解消するには、まずもって議会だより（議会広報誌）の充実、議会報告会（住民との意見交換会）の実施、本会議・委員会のインターネット中継などが有効です。これらとともに、すでに指摘したように北海道福島町議会の『議会白書』の刊行は画期的です。福島町議会基本条例によって、その刊行が義務づけられています（基本条例17 ①②）。

　『議会白書』には、議会制度や議会の活動実績が掲載されています。また、議案に対する賛成討論・反対討論が簡潔にまとめられているだけではなく、議員個人の公約への評価（自己評価）も掲載されています（基本条例17 ③）。

　これらの「見える化」は重要であるとしても、それだけでは住民からの高い評価を得られるわけではありません。住民自治を進め、住民福祉の向上のために活動する姿を見せなければならない。逆にいえば、『議会白書』を刊行するのは、議会改革を住民福祉の向上につなげているからです。また、議会基本条例の制定自治体数が800弱にまで及んでいるのは、この方向が根ざしてきているからです。議会が議決責任を自覚して行動することが起点となります。議決責任を全うするのは、住民福祉の向上のためであり、住民に寄り添うことによって実現します。

　新たな議会運営によって住民福祉は向上します。一方では、議会は議決責任を自覚し、新たな課題の解決に果敢に挑戦するために、新たな議会を創り出します。そのための条件（議員定数・報酬等）を整備する必要性を住民とともに議論することになります。他方では、住民は議会の見える化の推進、住民との意見交換など住民と歩む議会によって、住民福祉の向上のために活動する議会・議員を知ることになります。問題はありながらも、議会が住民に寄り添おうと

していることを実感する。これらよって、議会運営の正の連鎖が生まれる可能性があります。＜新たな課題の追求に重要な議決責任を自覚→それを行使するための時間と労力の負担増→それに対応するコストの維持・向上、尊敬とはいえないまでも不信の解消→やりがいの向上→立候補者の増大→議員の属性の偏りの解消→新たな課題の解決、住民の不信の解消＞、といった地方政治の正の連鎖です。

　議会改革を進めるだけではなく、それによって住民福祉の向上につなげます。住民はそれに応え議会を監視し参加することも重要です。このように地方政治の正の連鎖の萌芽はあります。

2　住民福祉の向上を担う議会を創り出す

(1) 動き出した議会改革

　議会は追認機関といわれてきました。市町村長提出による議案（条例だけではなく、予算決算などを含めている）のうち、市議会（2014 年）では原案可決・認定・同意・承認は 99.2％、町村議会（2013 年 7 月 1 日～14 年 6 月 30 日）では 99.0％（条例だけでは 99.2％）です。しかし、その結果だけを見て議会活動を評価すべきではありません。どのような審議があったかといった過程を見るべきです。また、議員提案・委員会提案条例も少ない状況です。条例提案では、議長・議員提案と委員会提案を併せても 3.7％（市議会）、2.7％（町村議会）に過ぎません（政策条例ではないもの、たとえば委員会設置条例など組織条例案も含まれます）。しかし、議員提案・委員会による条例提案は重要であるとしても、議員・委員会による条例提案数だけで議会活動を評価すべきではありません。政策提言は条例だけではなく、質問、議決などを含めて総体的に評価しなければならないからです。

　今日急展開している議会改革は、住民による議会不信の回復とともに、住民福祉を向上させています。新しい議会改革の要点だけを列挙しましょう。

① 機関としての議会（人格を持った議会）の登場。地域経営にとって重要な権限はすべて議会の議決事項です。従来、会派や個人に分断され結局追認機関になり下がっていた議会はこの議決権限を自覚して動き始めています。

② 地方自治の原則に基づいた新たな議会運営の実践。国政（議院内閣制、国民代表制）の原則とはまったく異なる地方自治の原則を自覚した議会運営が広がっています。住民参加を促進し議会にも住民参加を積極的に挿入し、それを踏まえて議員間討議を重視し、それによって執行機関と政策競争する議会です。

まさに、こうした議会改革によって、地域経営に責任を持つ議会が生み出されています。議会はその運営の最高規範として議会基本条例（自治基本条例制定自治体ではその中の議会条文）を制定し、そのことで議会運営の見える化を図るとともに、議会報告会等により住民の前に登場します。「見えない議会」から住民に身近な議会へと変化しています。

議会の見える化や身近になること自体が目的ではありません。住民による統制（監視・参加）を受けて、住民代表機関としての議会の役割を果たすことになります。これが住民福祉の向上につながります。

(2) 議会からの政策サイクルの特徴

議会改革を住民福祉の向上に連動させることが必要です。議会は定例会ごとの断片的な活動をしていては、住民の信頼を回復させる地域経営の一翼は担えません。連続的な議会運営が求められています。議会からの政策サイクルは聞きなれない言葉かもしれません。ただし、その一端は次の項で見るように、多くの議会で実践されています。それらは、議会からの政策サイクルを充実させます。繰り返しますが、断片的では監視や政策提言の能力を発揮できない。連続性が大事です。

議会が政策サイクルを作動させることにより、従来執行機関の政策サイクルではこぼれ落ちてきた課題を政策議論の場に登場させ、必要とあれば政策化（質

問、条例、予算、決議といった政策の層）することができます。より積極的には、議会から政策提言を行うことです。

その際、政策サイクルへの議会のかかわりを議員提出条例だけに限定する必要はありません。議員立法や政策形成といった用語ではなく、政策サイクルを強調するのは、議員提出条例は重要ではないとはいわないまでも、それだけではない重要な層があることを強調するためです。立候補する際の意欲から議員提出条例を目指して活動することは評価してよいでしょう。しかし、その数が少ないので多くするべきだといった理念だけでは地域経営はよくなりません。地域政策は条例だけに担保されているわけではないからです。

とはいえ、首長提案と異なる視点から、積極的に議員提案、そして委員会提案は必要です。その際、「予算を伴う議案についての議会の発案権は弾力的に考え活性化させる」ことです。予算を伴う議案の提出を躊躇している議会も見受けられます。従来、首長には新たな予算を伴う発案をする場合、必要な措置が講じられるまで提出してはならないということになっていますが（自治法222 ①）、議員にもこの趣旨の尊重が必要だという解釈もあります。しかし、「議員提案の場合、拘束されないし、また仮に拘束される恐れがあっても、款項に１円でも計上してあればその増額修正は可能」です（第２次地方（市町村）議会活性化研究会（全国市町村議会議長会）『分権時代に対応した新たな市町村議会の活性化方策〜あるべき議会像を求めて〜』2004 年、65 頁）。

(3) 議会からの政策サイクルの動向

議会からの政策サイクルは、さまざまに実践されています。議会は、多様な層を意識してかかわっていかなければなりません。

① 質問・追跡調査。総合計画が地域経営の軸となれば、それを中心に質問（代

表・一般）が行われています。場当たり的な質問ではなく、総合計画を豊富化し地域適合的なものにすることが質問の中身となります。また、既存の条例に不備がある場合には、条例の制定改廃が必要です。どちらにせよ、議論の軸が設定されます。答弁は重要です。地域経営の方向が示されます。それがどのように地域を変化させているかの検証が不可欠です。答弁の追跡質問（青森県佐井村議会）、あるいは議会だよりにおける追跡レポート（山梨県昭和町議会、北海道芽室町議会など）を政策サイクルに組み込み、さらなる質問に活かす必要があります。

② 条例の検証。議員・委員会による条例案の提出とともに、首長提出の条例案に対する修正・否決も重要です。同時に、制定されている既存の条例の検証も必要です。議員提案条例を議会が検証することです（三重県議会）。制定しっぱなしではなく地域経営に責任を持つためです。なお、地域経営に責任を持つ議会となるためには、首長提出条例であっても検証することが必要です。議会は、当該期の議決だけに、あるいは議員は議員になった際の議決だけに責任があるわけではないからです。

③ 財務へのかかわり。議会が行政評価を行い、決算認定に活用し、それを予算要望に繋げるサイクルを創り出す議会も増えています（会派だけではなく議会としても）。これは、決算認定、予算議決といった権限が議会にあることを考えれば、当然行わなければならないことでした。ようやく、地域経営の本丸（正確には総合計画と連動させた場合）に到達したといえます。

　なお、決算審議から予算要望へのサイクルとともに、執行中の予算についての審議も重要です。決算は、前年度評価であり、予算要望は翌年度をめぐるものだからです。そこで、一年間のブランクを解消する視点と実践が必要になります。それが「議会のチェックサイクル」です（藤枝市議会）。

前年度のチェックとともに、執行途中でもある今年度予算を常任委員会としてチェックすることです。

　この過程で、予算案についての修正を行うことは重要です。予算案の修正動議提出が困難な場合には、組み替え動議の提出を試みてもよいでしょう。

　このように議会からの政策サイクルの道具は重層的です。これらの実践をさらに体系化しパワーアップしているのが、議会からの政策サイクルです。議会が定例会ごとにプツンプッツンと切られていれば、追認機関にならざるをえず、住民の福祉向上を実現できません。

　地域経営の中心は総合計画です。これを中心に議会も首長等も政策サイクルを回すことになります。

(4) 地域経営の軸としての総合計画にかかわる議会

　総合計画は作文計画ではなく実行性のあるものとなってきました。実効性ある総合計画は、総合計画と予算編成のリンク（総合計画に財政計画を位置づける）、政策全体を明示した総合計画（個別計画との連動）、首長の任期と計画期間の整合性の確保（ただし、首長のマニフェストが総合計画ではありません（マニフェストをたたき台として住民参加や議会の討議を踏まえて総合計画は策定されるからです））、といった３つの要素から構成されています（西寺雅也「高まる総合計画の必要性──総合計画とマニフェストを巡って」『ガバナンス』2010年４月号）。

　総合計画は地域経営の軸であるがゆえに、議会が積極的にかかわる必要があります。今日、総合計画（基本構想や基本計画）を議会の議決事件に追加する議会が増大しています（自治法96②）。それを議会基本条例で規定する自治

体もあります。議会の議決事件の対象としない場合、総合計画という名称であっても、それは単なる行政計画であって自治体計画ではありません。総合計画を策定しない自治体も登場しています。しかし、地域経営の自由度が高まっている今日、その軸として総合計画は不可欠であり、地域経営の軸を実効性あるものとするためには、議会の議決が必要です。総合計画を議会の議決とするのは、自治体計画の意味とともに、議会という場で「公開と討議」を通じて決定する意味があるからです。

さらに、自治基本条例において総合計画についての議会の議決事件の追加を規定するだけではなく、その意義、構成、策定過程（住民参加等）を規定している自治体もあります（多治見市市政基本条例）。その上で、それをより詳細に規定した「総合計画の策定と運用に関する条例」を制定している自治体もあります（北海道栗山町、同福島町、同芽室町）。その制定過程において議会は大きな役割を果たしています。

その総合計画に議会が責任を持つことは、策定にあたって議会による提案・修正も必要です。また、その計画期間はそれを軸にして、財務とかかわり、それをめぐっての質問・追跡質問は重要です。

首長から提出された総合計画案の大幅修正を行っている議会も広がってきました。また、総合計画案自体を議会が策定する議会もあります。長崎県小値賀町議会は、議会として総合計画を策定して、それに基づき執行機関と調整を行いました。小値賀町議会の特徴は、議会が総合計画（実際は議会案）を策定したこと、しかもその策定にあたって議員と公募住民（実際は、呼びかけに応えてくれた住民）がともにその作業を担いました。基本構想策定の義務化の廃止を機に「今までの行政のための計画から、小値賀町民みんなが参加して官民共同型の総合計画にするべきではないか」と議会が主張したことから始まりました。こうした画期的な活動は、出前議会、議会と語ろう会、あおぞら座談会な

どの住民との意見交換会の実施など、急激に進んだ多様な改革の成果です。

　高山市議会の総合計画へのかかわりは質的にも量的にも第一級です。量的に見れば、「１０の政策提言」としてA4版60頁を超える提言を行っています。

　また、その内容は２つの意味で画期的です。分野別、地域別の住民との意見交換会において積極的に総合計画をめぐる議論を展開しています。総合計画という議論の素材、しかも長期的に重要なテーマをもって住民と議論することは、議会力をアップさせることにとどまらず、住民の自治意識の向上に大いにつながります。

　もう１つは、委員会を中心とした議会活動を創り出していることです。「委員会活動を中心とした政策形成サイクル」です。充実した調査研究活動を行う委員会活動と、調整などを行う総合計画特別委員会とが有機的に関連付けられて、政策提言に結び付いています。この委員会活動を中心とした活動は、議会基本条例にも明記され（14条）、それが実践されています。それを充実させるために、組織改編も2013年に行われました（一常任委員会の人数を増やすために、常任委員会を再編統合）。

　なお、地元高校生によるディベートの開催は、若者の声を市政に反映させたい、若者に高山市に関心を持ってもらいたいという目的で行われています（2013年度）。議会がかかわる主権者教育・市民教育に挑戦しています。

　このように、地域経営の軸である総合計画の策定過程で、その策定に議会が積極的にかかわることは、住民福祉の向上に責任を持つ議会の根本的な役割です。

(5) 「地方創生」をめぐる議会の役割

　地域経営にとって今日重要な「地方創生」をめぐる議会の役割について考え

ましょう。

　議会改革のトップランナーの1つである議会に、地方創生についてどのように取り組んでいるかを聞きました。すでに地方版総合戦略を策定している先駆的な自治体です（2015年）。行政より報告を受けたけれども、議会として特に何もしていないという。愕然としました。自治体関係者では語られない日はないテーマに、地域経営に責任を持つ議会がかかわっていないからです。

　「まち・ひと・しごと創生基本方針2015」が閣議決定され、その後も地域政策といえば地方版総合戦略をめぐっての議論が行われています。私は、いまだ「突っ込みどころ満載」だと感じています。とはいえ、課題はありながらも提起された問題状況は共有されてきています。「住民自治の根幹をなす地方議会」であるがゆえに、この動向を認識し主導的な役割を果たす必要があります。

　地方人口ビジョンと地方版総合戦略（以下一括地方版総合戦略）の策定を「努力義務」にし、地方交付税と連動させる手法が地方分権に適合しません（地方交付税を成果主義重視とする立場からは整合的だとはいえますが…）。とはいえ、この時期人口減少を念頭に置いた地域経営の軸を設定することは重要なことです。時代状況認識を基本的に共有した「公共施設等総合管理計画」策定もこの系譜です。まさに、この2つは今後の地域経営の軸ともいえます。そもそも、それぞれの自治体はすでに地域経営の軸である総合計画を制定しています。

　この時期、まさに地域経営の軸として、これら3つの計画を総体的・体系的に策定する必要があります。つまり、総合計画に即した地方版総合戦略や公共施設等総合管理計画の策定です。逆に、後二者の議論の中で、総合計画との齟齬が生じれば、総合計画の改定が必要です。地域経営の軸を設定し、それに基づく経営を行う手法を普遍化するわけです。

　地域経営の軸は、行政計画を超えて当然自治体計画です。そのためには、「公開と討議」の場である議会で討議を行い議決とすることが必要です。議会は、

単に住民代表機関だからという意味ではなく、公開で議論する場だからです。したがって、議決事件の対象とするわけです。これを進めて、地域経営の軸として三者を想定すれば、それらの根拠条例制定も必要となります。

　総合計画の中でも基本構想を議会の議決とした自治体は増加しています。地方版総合戦略策定にあたって、議会の議決事件とする自治体も登場しています。広島県では、地方人口ビジョンを議会の議決に、地方版総合戦略を分野別計画と位置づけ議会への報告義務として扱っています（広島県行政に係る基本的な計画の策定等を議会の議決事件として定める条例）。さらに、兵庫県では「地域創生条例」を定め、地域創生戦略（人口ビジョンと総合戦略を合体したもの）の根拠を明確にするとともに、それを議決事件と規定しています（第7条第1項）。総合計画については、すでに指摘したように、その根拠と議会の議決事件の対象とすることを、自治基本条例や、それとともに総合計画の策定と運用に関する条例に明記しているところもあります。

　地方版総合戦略と公共施設等総合管理計画を議会の議決事件に追加することを考慮してもよいでしょうが、それらの根拠条例に「総合計画に即して策定」という文言を規定することによって、計画体系を創ることの方が重要だと考えています。ともかく、3つの計画を総合的に地域経営に位置づける作業が必要になっています。

　地方版総合戦略や公共施設等総合管理計画の策定が急がれる中、地域経営の軸としてのそれらを含めた3つの計画を議会として十分に議論しなければならないでしょう。単なる「報告」にとどめてはなりません。そのためには、特別委員会等の設置によって十分に議論できる場を設定したい。もちろん、そこでは住民や専門家等との議論が必要です。創生本部事務局の「基本的な考え方」には、議会と執行部が車の両輪となって推進するだけではなく、住民・産官学金労言が審議にかかわることが重要だという指摘があります。議会が積極的に

かかわらなければ、執行機関と住民等との連合が形成され、議会は政策過程の「蚊帳の外」に置かれます。議会は策定の際だけではなく、効果検証での重要な役割を果たさなければならず、その道具が特別委員会等です。なお、既存の常任委員会で対応する場合もあるでしょう。その際は、その意義と限界を確認しておく必要があります。

　このように、地域経営にとっては少なくとも、3つの計画の総体化・体系化、根拠条例の制定・議決事件の追加、特別委員会の設置等による十分に議論できる場の設定が必要になっています。地方版総合戦略は、すでにほとんどの自治体で策定されていると思います。また、公共施設等総合管理計画については、すでに策定したところ、あるいは大詰めを迎えているところがほとんどでしょう。ここで確認した視点から、もう一度スポットを当てていただきたいと思います。

3　地域経営におけるサイクルとは

(1)　執行機関の PDCA サイクルとは異なる議会の特性

議会からの政策サイクルの充実には、次の4つの要素が必要です。
① 住民との意見交換会（議会報告会）による住民の意見集約（広聴）を出発点として、議会からの政策サイクルを作動させること。つまり、前の期の議会からの申し送りとともに、住民の意見を参考にして議会として通年、および通任期を意識して取り組む課題・調査研究事項を抽出します。住民との意見交換会はこの起点だけではなく、政策過程全体にわたって張りめぐらされることになります。
② 一方では、それを踏まえて行政評価を行なうこと。住民の意見を踏まえて行政評価項目を選択し行政評価を議会独自で行ないます。それが行なわれるがゆえに決算審議は充実します。さらに、その決算審議を予算要望につなげることもできます。
③ 他方では、住民の意見を踏まえて、政策課題を抽出し調査研究を行なうこと。必要があれば、専門的知見を活用（自治法100条の2）することも重要です。
④ これらの2つの流れを束ねる総合計画の策定。常に総合計画を意識して行政評価を行い、また政策課題をより豊かにします。もちろん、議会は総合計画を所与のものではなく、変更可能なものとして考えることも必要です。

なお、「政策サイクル」という用語は同様でも、執行機関からの政策サイクルと議会のそれとは視点も政策領域も同様ではないことを強調しておきます。議会は、執行機関と同じことができるわけではないという消極的な意味ではなく、むしろ議会の特徴を考慮して執行機関とは異なるサイクルを作動させるべきです。逆に言えば、執行機関と同様なものは議会の存在意義を希薄化させることになります。議会からの政策サイクルを考える場合、次の議会の3つの特性を確認することが必要です。

① 執行機関の執行重視に対する議会の住民目線重視。執行機関は数値目標や首長のマニフェストを優先します。それに対して、議会はそれらを無視するわけではありませんが、住民の目線をより重視します。

② 執行機関の縦割りの組織運営に対する議会の合議制（多様性）の組織運営。執行機関は、組織原則として官僚制を採用し縦割り行政となります。合議体である議会は、さまざまな角度から多角的・多層的に地域を観察し提言できます。

③ 執行機関の補助機関（職員組織）の膨大さや財源の多さに対する議会の資源の少なさ。議会の資源は、議会事務局体制や議員報酬等を考慮すれば、執行機関のそれと比べた場合、大幅に劣っています。

　こうした議会の3つの特性を踏まえれば、議会からの政策サイクルは総合性の視点からのものとなります。執行機関のようなすべてにかかわる包括性は困難です。そこで、具体的には総合計画と「ニッチ（行政が取り組んでいない隙間）」分野にかかわる必要があります。前者は全体にかかわる重要なテーマという意味ととともに、多様性を有する議会が得意とする分野だからです。また、後者は縦割り行政の弊害を打開し議会の特性を発揮できるからです。

　その際、執行機関のPDCAサイクルを意識しつつも、それに乗らず総体的・相対的な視点で議会からの政策サイクルを作動させることが必要になります。

執行機関のPDCAサイクルは第一義的には執行のサイクルだからです。それに住民目線や合議体という特性から議会は対応することになります。むしろ、地域経営全体では、PDCAを超えて、P（計画）とD（実践＝執行）の間に（正確には、Pは策定された計画というより提案という意味でのP（proposition, proposal, planning））、D（討議：deliberation, debate, discussion）とD（決定＝決断：decision）を入れて理解することが必要です。討議する空間は議会ですし、重要な決定は議会が担います。従来のPDCAではそれが、つまり議会の役割が無視、あるいは軽視されていました。そのPDCAの発想と実践は個別にはいまだに有用だとしても、地域経営全体ではPDDDCAサイクルの発想と実践が必要です。

　このPDDDCAサイクルは、はじめて提起するものです。わかりにくいと思いますので、それを提起せざるを得ない背景を説明させていただきます。

(2)　行政による政策サイクルと議会からの政策サイクルの相違

　政策サイクルといっても、行政によるそれは開発されています。評価も組み込まれています。PDCAサイクルです。P(plan: 計画)→D(do: 実行)→C(check: 監視評価)→A（action: 改善）というサイクルです。その評価は、政策・施策・事務事業評価などを想定するとよいでしょう。議会・議員評価は、評価の仕方も視点も対象も行政による評価と似ているところもあれば、違いもあるはずです。活用できる範囲を確定しておくことです。この点は重要だと思っています。

　行政が行う評価と、議会による評価は同じことをやってはあまり意味がない。したがって、議会にはそれなりの独自性が必要になってくる。これについてはすでに確認した3点です。執行機関の論理と実践に絡めとられないために、また議会・議員が息切れしないためにも、常に考慮すべきことです。再度確認し

ておきましょう。

　まず、執行の論理ではなくて住民目線からの評価です。したがって、数値目標を達成したかどうかが議会の評価の主要な領域ではないのです。本当に住民がそれを望んでいるかどうか、一歩下がって見る必要がある。もう1つは、行政は縦割りにならざるを得ないことにかかわることです。官僚制はそういう仕組みを持っています。したがって、行政は総合性と言いながらも縦割りになります。議会は合議体ですから総合的視点での活動が重視されます。そして第3には、人や財源、具体的には議会事務局や政務活動費などの資源が少ないことです。議会は、地域経営全部に関われるわけではない。

　こうした3つの特徴を考慮すれば、議会は議会が取り組む課題は、「包括的ではなく総合的な視点」が必要です。したがって、総合計画とか隙間（ニッチ）な課題を集中的に行う。すべてに関わることはできないし必要はありません。このニッチについては、後ほど会津若松市議会の議論として出てきます。

(3) 地域経営をめぐるPDCAサイクルの射程

　行政はPDCAサイクルを回しています。これは非常に重要な視点であり実践です。ただし、住民自治を進める上で、また地域経営を行う上で、議会の政策サイクルという視点からその活用の範囲を確定したいと思います。それをしない安易な活用は中央集権時代の行政主導に引きずられます。議会は、首長等と政策競争する。その意味では、議会側からの政策サイクルを回すこと、その際PDCAサイクルを活用することは重要です。PDCAサイクルは、当然狭義の議会改革にとっても重要だと考えています。たとえば、議会基本条例の条文を素材として目標を設定してその実践をPDCAサイクルで行う。さらに進めて議会で設定した政策目標——会津若松市議会の政策形成サイクルの目標——の

実現にあたっても活用しなければなりません。また、議会事務局の実践と評価にも活用できます。

　それにもかかわらず、議会・議員が地域経営にとってこのPDCAサイクルを回すことだけに熱心になることはいかがなものかと感じています。すでに指摘したように、住民と歩む議会であること、議員間討議が重要であること、これらを踏まえた首長等の政策競争を行う議会、いわば「住民自治の根幹」としての議会を作動させることを考えた場合、PDCAサイクルを中心にすることには違和感があります。

　結論を先取りすれば、本来地域経営は、PDDDCAサイクルを創り出さなければならない。PDDDCAサイクルのPは計画案・提言（proposition, proposal, planning）、Dの最初は討議（deliberation, debate, discussion）、次のDは決定（decision）、三番目のDが実行（do）、そしてCは監視・評価（check）、Aは改善（action）、というものです。

　従来のPDCAサイクルのPの中に決定も討議も挿入されている議論は確かに成り立ちますが、「公開で討議」する議会の役割がそこでは見えてきません。議会における討議や決定が従来軽視されていたからPDCAサイクルが用いられてきたのでしょう。三重県議会が、議会改革を進める起点となったのは、地域経営におけるPDCAサイクルでは、議会は登場できない。そうではなくて、議会から政策サイクルを回す「新しい政策サイクル」を創り出しました。理論的にいえば、逆に議会がPを創り出し、それを執行させることを強調しています。議会からだけではないのですが、討議と決定の地域経営における意義は強調されるべきです。

　もちろん、従来議論されてきたPDCAサイクルは、人間行動でも組織行動でも当然意識されるべき手法です。行政改革と同様に、議会改革でも活用されるべきものです。議会基本条例の条文を基準に毎年その改革を評価しようとい

う発想はその1つです。それは、議会という機関としてだけではなく、機関内、たとえば委員会、議会事務局等々での評価も行われることになるでしょう。つまり、PDCAサイクルはさまざまな実践において活用されるべき手法であることには間違いありません。

　とはいえ、行政改革や議会改革においてPDCAサイクルの発想は重要であるとしても、地域経営において、PDCAサイクルで軽視されていたD（討議）とD（決定）を組み込むことが重要だと考えています。議会改革の多くはそれを踏まえないPDCAサイクルの活用は、知らず知らずのうちに行政的発想へと移動していきます。これは、しっかりと留意していただきたい論点です。

　議会改革の最先端を行っている議会は、地域経営におけるPDDDCAサイクルを行っています。理論化されていないだけです。そろそろ、従来のPDCAサイクルの発想と手法を超えたPDDDCAサイクルという新たな発想と手法の開発が必要になっています。

　なお、別の言い方をすれば、PDDPCAとも言えます。最初のPは計画案・提言（proposition, proposal, planning）、Dの最初は討議（deliberation, debate, discussion）、次のDは決定（decision）、Pは決定された計画（plan）。その後は従来議論されていたPDCAサイクル、つまりD：実行（do）、C：監視・評価（check）、A：改善（action）、に連なるものです。より詳細にいえば、Cに議会は決算等でしっかりかかわることになります。本章では、便宜上PDDDCAサイクルを用いていますが、従来のPDCAサイクルの発想を超える意味ではどちらでも可能です。ぜひ今後議論を巻き起こしていただきたい論点です。

(4) 議会からの政策サイクルを実質化させる通年的、
および通任期的発想と実践

　総合計画を中心とした地域経営かかわる議会には、政策過程全体にわたって議会が登場していること、議会からの政策サイクルの起点は住民にあること、総合計画を意識した政策サイクルとなっていること、そしてこの過程が自治基本条例・議会基本条例に明記されていること、これらが不可欠です（飯田市議会、会津若松市議会）。

　議会からの政策サイクルを作動させるには、市町村議会が発明した通年議会（北海道白老町議会、同福島町議会、宮城県蔵王町議会、四日市市議会など）も有効です。その後それと同一ではないにせよ、通年期制は、地方自治法に盛り込まれました。また、従来の定例4回を採用しつつ、閉会中も恒常的に委員会活動を行う通年的な議会活動も効果的です。これらは議会からの政策サイクルを作動させる重要な手法です。

(5) 非常時と日常的議会活動とをつなぐ

　通常の（日常的な）議会運営として議会からの政策サイクルを確認してきました。しかし、通常状況だけだはなく、非常時も含めて議会運営を考えることが必要です。日常的な議会活動を非常時とつなぐことです。

　突然やってくるから非常時です。非常時には議員・議会は「じゃまだ」という声も聞かれます。被災直後での地域住民要望を行政につなげる役割でさえも、そのように映るしそうした批判が妥当する場合もあります。しかし、議会改革の日常的な実践は、非常事態にも重要な役割を果たします。議会改革を推進し

ていた議会だからこそ、非常時にも行政の論理とは異なる方向で住民自治を進めることができます。

まず、議会改革を積極的に進めていた議会は災害後の復興計画策定において積極的な役割を果たしました。たとえば、福島県浪江町は震災時に議会基本条例制定には至っていませんでしたが、議会改革の議論はしていました。この基礎があって、大震災後、住民と議員との懇談会を5回開催しています（2011年6月、8－9月、10月、2012年4月）。全町民避難であるために、福島県内はもとより新潟県・千葉県・埼玉県など全国におよんでいます。これまでの議会活動を報告するとともに、住民の意見を聴取するためです。浪江町議会は、復興ビジョンを議会の議決事件に追加しています。住民の意見を踏まえ討議し議決しています。

また、災害直後の議会の対応については、今日ようやく制度化されるようになりました。逆にいえば、東日本大震災の16年前の阪神・淡路大震災（1995年）での教訓が東日本大震災の際に生かされたとはいえません。たとえば、当時芦屋市議会は「議員個々が市の対策本部との接触を避けることにより、同本部の混雑緩和を解消することを目的として『市議会災害対策本部』を設置」しました。毎日、議員が住民から聴取した要求・要望等を集約し、市災害対策本部と協議するとともに、翌日にはその協議結果を報告し、また新たな要求・要望を集約するというサイクルを樹立させていました。

東日本大震災の現実を踏まえつつ、今日議会基本条例に、議会版防災対策本部・会議の設置を挿入する自治体も増加しています。「議会は、災害時には、議会災害対策本部を設置する。/ 議会災害対策本部の設置、組織、運営等に関し必要な事項及び議員の行動基準については別に定める」（千葉県長生村議会基本条例29①②）などです。

さらに、議会版BCP（業務継続計画）を策定した議会もあります（大津市、

2014 年)。そのハンドブックが策定されています（2015 年)。議会災害対策会議の構成員、平常時の備え、非常時のこころえ、想定災害、災害時の初動行動、参集基準、携行品のチェックリストなどが掲載されています。議会災害対策会議の設置は、単に地域状況や要望を議会としてまとめる意味だけではなく、できるだけ早期に復帰できるような調整会議の意味を持っています

　なお、その議会版 BCP は議員の非代替性（選挙での選出）という特徴を踏まえつつ、非常時でも地元での活動（消防団、自治会・町内会等）を排除しないというより、その重要性を明確に位置づけています。その活動と、議会との関係を理論化したものとなっています。

　阪神淡路大震災でも、東日本大震災でも議会・議員の活動について批判的な見解も聞かれます。しかし、行政運営とは異なる議会活動は非常時だからこそより重要です。先駆的事例を発掘し教訓とすべき時です。日常的な活動が災害直後とともに復興計画策定やその実施においても力を発揮します。非常時に日常活動が生かせることを議会は肝に銘じるべきです。

4 議会からの政策サイクルと議会・議員評価

(1) 議会からの政策サイクルの作動と議会・議員評価

　議会からの政策サイクルの作動は、議会・議員評価によってさらに充実します。「議会改革をやっていない議会には必要ない」ことだと思っています。要するにしっかり改革をやっているところ、住民のために活動している議会は評価を示す必要があります。議会改革を充実させれば、議会からの政策サイクルを作動させねばならず、それは議会・議員評価に連動するということです。逆にいえば、「議会・議員評価の目的」は議会改革、そして議会からの政策サイクルをより充実させるためです。

　つまり、議会・議員評価の意義の1つは「議会改革の到達点を明確にしてさらなる議会改革に向かう素材とする」ことです。議会改革を場当たり的ではなく行うためです。したがって、目標を決めなければなりません。議会改革のための実行計画などの制定が必要で、それによってその達成の評価に連動します。あるいは、会津若松市議会のように住民の声を聞きながら、どの分野の政策（テーマ）に議会として関わっていくかという目標設定が必要になりますが、それが達成されたかどうかの評価が不可欠です。このことは、「議会・議員を評価し住民がそれを評価する素材として使う、最終的には選挙の選ぶときに素材としても使うことができる」というもう1つの意義に連なってきます。こうした2つの意義があります。

(2) 議会・議員評価の対象

議会からの政策サイクルを回し、それを評価することの対象や手法については、本著の議論などを素材にしながら理論化しなければならないでしょう。たたき台として簡単に日頃考えていることを指摘します。

図1　議会・議員評価の概念図

＜議会改革＞

① 議会改革
・議会基本条例に評価を明記
・議会基本条例に即した評価項目の設定
② 議員活動実態
・議員の活動量（どのような活動にどのくらい）
・議員報酬、政務活動費等

＜住民福祉の向上＞

① 議会としての目標設定（通任期）
・議員（会派）の公約
・住民の意見
・前議会からの申し送り
＊任期途中の変更可
② 工程表の作成と作動
（通任期、通年、定例会ごと）

議員評価（議員活動、議案への賛否の公表、公約への自己評価等）

＜議会事務局＞

① 議会事務局の目標と評価
② 議会事務局職員の評価
（基準の設定、自己目標設定と評価）

＜評価の主体＞
・議会による評価
・議会モニターによる評価
＜評価の媒体＞
・議会だより　・HP
・議会白書

注1：それぞれ通任期、通年、定例会ごとに3つの層がある。
注2：単純化したため重複している項目もある。
注3：議会基本条例は、自治基本条例と読み替えることができる。
〔出所〕江藤俊昭「自治体議会学」69回『ガバナンス』2014年12月号

議会評価項目は、「議会運営」(狭義の議会改革) と「住民福祉の向上」となっています。この２つの領域の評価ということを考えていきます。要するに狭義の議会改革 (議会運営) が目的ではないのですが、議会改革はすごく大事なことです。住民に開かれ住民と歩む議会をどう作るか、議員間討議をどうしただろうか、それを踏まえて政策競争をしていったかどうか。こうした議会運営を評価するとともに、その議会運営が結果として、成果として住民福祉の向上につながったかどうか。それが住民福祉の向上の評価です。

　どのような議会活動をしているのかというのが議会運営です。基本的には何度もお話をしているように３つの方向。１つは住民と歩む、住民参加を促進する。そして議員間討議を行う。そして、それを踏まえて政策競争を行う。こうした３つの方向での議会運営がどれだけできたかの評価を行う。その際、議会基本条例を制定し実践している議会では議会基本条例の条文を評価項目とすることもできますし、やる必要もあるでしょう。

　こうした議会運営についての評価と共に、新たな議会によって住民福祉の向上につながっているのか。つまり、その改革でどのような成果が得られたかの評価がポイントになります。わかりやすいのは、財政、あるいは条例の検証を、住民の福祉向上を基準に行うことです。これだけではなくて議会として政策提言を行なっていくことを明確に目標として定め、それを実現するためにさまざまな活動を行う。会津若松市議会では選挙が終わるとすぐに自分たちの研究テーマを決めます。住民との意見交換会を踏まえて今後の研究テーマを設定する。そうした目標設定を行うと同時に、最初に行なったこと以外にも問題は噴出してくるわけです。会津若松市議会の言葉を借りると「緊急性」でした。それに対しても目標を設定して、調査・研究して提言を行う。そのテーマを任期中に達成することを目指しています。その成果の検証が必要です。その評価の手法が問われます。

住民福祉の向上の実践の評価を行うにあたって、テーマ別、あるいは単発に行うだけではなくて、地域経営の軸としての総合計画を念頭に置きながら活動し、それを評価することが必要になっています。

さらに、議会運営と住民の福祉向上をつなぐのが議員評価の領域です。数値化はなかなか難しく、まずは自己評価から出発すべきです。すでに、福島町議会は『議会白書』の中で議員評価を公開しています。もう１つ、議会事務局・職員評価も必要でしょう。今後、議会事務局・議会図書室の充実は、今後の議会にとって不可欠の課題です。それを意識する意味でも評価対象に加えるべきです。

こうした評価は、一年毎（正確には会期毎も含める）だけではなく、４年を対象としたものとなります。

さて、これらの評価をルール化するためにはどうするか。福島町議会は明確に議会基本条例で規定しています。また、誰が評価するかという問題も浮上します。まず、議会自体が行うことでしょう。それを素材に議会モニター（議会だよりモニター）、第三者が行う。最終的には住民が評価することは欠落させてはなりません。議会による議会・議員評価を踏まえて住民との意見交換会で議論することも重要です。その際、住民が評価することも重要です。新しい議会を創出する主体も大事です。会津若松市議会による『見て 知って 参加するための手引書～会津若松市議会白書～』（各年度版）は、こうした視点からのものです。議会による議会・議員評価を踏まえて、選挙に活かす必要もあります。議会・議員評価を参考に有権者が選挙するだけではなく、新たに議員を目指す人は、それに対する見解を公約として掲げることが立候補にあたっての条件とすること（条例で規定することなど）は無理でも、不可欠とする政治文化を創り出したいものです。立候補にあたって、議会評価と総合計画に対する意見を立候補者全員が明確にする。それらを素材に住民が投票を行う、といったことも今後の議論の射程に入っています。

5　市町村議会の課題とその打開の方途

(1)　3つの特徴による負の連鎖とそれを断ち切る手法

　市町村議会、とりわけ小規模な町村議会の3つの特徴として、大規模・中規模議会と比較するとまずもって議員定数、議員報酬・政務活動費、そして議会事務局職員数の少なさがあげられます。町村会議員定数は、平均12.5人です（少ない順に定数5は1自治体、定数6は8自治体、定数7は15自治体）。市議会議員と比較しても圧倒的に少ない。議員報酬の平均額は約21万円です。市議会議員の報酬と比べて半分です。政務活動費の条例制定市町村は20％にすぎません。また、議会事務局職員数は平均2.5人と少ない状況です。

　小規模議会のこの3つの特徴は、後述するように議会改革にとっての大きな課題を内包しています。それにもかかわらず、小規模議会はそれを議会改革に結びつけています。まず少ない定数は、会派制の採用が少ないこと（16.6％のみ採用）、委員会数が少ないこと（平均設置数2.3）に連動しています。機関としての議会はイメージしやすくなります。議員全員が常に議論することも可能です。ついで少ない議員報酬・政務活動費のために、自営業者や農業者といった兼職や年金生活者が多く、日常的に当該自治体の現場にいます。住民目線で常に自治の現場にいる議員は、住民からの批判を含めた意見を身近に感じることができます。そして最後に、少ない議会事務局職員によって議員と職員のスクラムは容易になります。

　議員がまとまりやすく、住民の意向に機敏に反応しやすく、議会事務局職員

を味方につけやすい。こうした3つの特徴に基づいた小規模議会は住民自治を進めるエンジンとなっています。

とはいえ、小規模議会の特徴は一般的には議会が新たな課題に挑戦することを難しくします。少ない議員定数は、委員会審議の充実や、充実した政策提言・監視機能を作動させることを難しくします。少ない議員報酬・政務活動費は、サラリーマン層が議員になりにくくなります。少ない議会事務局職員数では、その職員は議事と総務に専念せざるをえず、調査や政策法務に職員を配置することは困難です。このような小規模議会の3つの特徴は議会力をダウンさせることにもつながります。

これらの小規模議会の特徴は、都道府県や指定都市の議会を除いて一般市でも妥当する傾向でもあります。これらの3つの特徴は、地方政治の負の連鎖と直結しやすくなります。現状ではそれらの特徴を大幅に改善することは困難です。このための大胆な改革は必要だと思われますが、現状を踏まえた改革をまず考えましょう。

なお、誤解を避けるために指摘しておきます。会派制による評価です。会派制のないことは、小規模議会が議会改革を進める要因となったことは事実です。また、会派制が強固な塊となる、議会としてまとまらない要因となっている場合もあります。そもそも、選挙の際には会派を名乗らず、突然臨時議会で会派が現れる不透明性の問題もあります。しかし、会派制を民主主義、住民自治の弊害と断言するわけにはいきません。ある程度の議員定数があれば（大雑把に考えても、10人以上では）、政策集団が必要です。また、議会運営において委員会主義を採用していれば、少なくとも会派は必要になります。常任委員会に少なくとも一人は派遣できる会派人数という意味です（ただし、選挙という民主主義の要因から一人会派を排除することはできません）。会派制が問題なのではなく、運営が問われることを強調しておきます。

さて、少ない議員定数の問題の打開には、住民による提案や議会審議への参加などによる議会機能の補完が必要です。長野県飯綱町議会は「議会政策サポーター制度」を採用しました（第1回2010—11年）。住民と議員とが政策研究を行い政策提言をするものです。「第2回議会政策サポーター」は、それをバージョンアップしました（2013－14年）。それは「新たな人口増対策」チームと、「集落機能の強化と行政との協働」チームから構成されています。

　飯綱町の切実な課題を議会が取り上げ、政策研究課題としたことだけではありません。その政策提言を実質的な成果にまで引き上げました。「新たな人口増対策」では、「延長保育料の完全無料化」を提言し予算化に結び付きました。また、「集落機能の強化と行政との協働」では、多様な政策提言を行うとともに、「集落復興支援基本条例」を策定し議決しました。この課題に町として「積極的、系統的に取り組む」必要があるからです。町長が毎年「集落支援プログラム」の実施結果や成果を議会に報告し公表することを義務付けています。

　このサポーター制度だけではなく、住民と歩む議会を創り出そうとしています。2014年から、「議会だよりモニター制度」を拡充し、少なくとも一集落から一人がモニターになっています（50人強）。モニターによる提言を議会改革につなげるとともに、議会を知りそのことで議会の理解者・支援者を増やすことも目指しています。住民と歩む議会を創り出すことで、「追認機関から脱し、町長と切磋琢磨する議会」に大きく踏み出しています。

　なお、少ない議会事務局職員数の課題の打開や、少ない議員報酬の打開については、項を改めて考えましょう。

(2)　新しい議会の条件整備――行政改革の論理と議会改革の論理――

　新しい議会活動は従来の議会とは大きく異なります。その原則や理念は、高

く掲げられるべきでしょう。とはいえ、理念でだけで現実は動くものではありません。その条件が整備されなければなりません。

その際注意したいのは、行政改革の論理と議会改革の論理はまったく異なることです。行政改革は、効率性重視です。削減を第一義的に進めることは承認されます。しかし、議会改革は、それとはまったく異なり地域民主主義の実現です。住民自治をどのように進めるかをまずもって考えなければなりません。地域民主主義を実現するために議会は何をすべきか、そのための条件として議員報酬や政務活動費の意味やそれらの額は、住民代表機関として活動するための議員定数は…。これらの一連の問いから出発しなければなりません。

議員定数・報酬削減の嵐の中で、報酬を増額している議会もあります（白山市、群馬県みなかみ町、同榛東村等）。議長が住民によって構成される議会改革諮問会議に諮って議員報酬の増額を決めた議会もあります（北海道芽室町）。その場合でも、何度も住民との意見交換会を行っています。また、岡山県奈義町議会は、これ以上の議員定数削減を行なわない決意を示すために、議会基本条例において「（現行の）10名を下らないものとする」（15条）という条項を規定しています。

住民自治を進める視点を欠いたままでの議員報酬削減、定数削減だけを唱える議員は、それに賛同する住民はいると思われますが、住民自治を進める観点からすれば、将来的には住民に対する背信行為ともなります。住民自治を進める視点からの議論と提案が必要です。

(3) 議会事務局の充実強化

議会改革には、議会事務局の充実強化が不可欠です。議会事務局を必置とする自治法改正が必要です（いまだに市町村では任意設置、自治法138②）。ま

た、議会事務局職員数を増加させることは重要です。まず、それを強調しておきます。しかし、それが今日現実的に困難である場合、議会事務局を議会事務局機能として理解しそれを充実させることが重要です。

まず、議会事務局職員に執行機関の法制担当を併任させることもできます。専門的知見の活用だけではなく執行機関の法規担当職員の議会事務局の併任を行なっている議会もあります（横須賀市議会）。

また、主体はあくまで議会であり議会事務局であることを忘れずにその機能を外注化することが想定できます。専門的知見の活用、参考人・公聴会制度の活用、議会アドバイザーの導入（サポーター制度、北海道栗山町議会、同芽室町議会）、附属機関の設置（三重県議会、北海道福島町議会、同芽室町議会）、大学との提携（山梨学院大学ローカル・ガバナンス研究センターと昭和町議会）、議会だよりモニター制度（長野県飯綱町議会）、などの実践があります。

(4) 議会改革の連続性の保障
──活性化計画の策定と議長のリーダーシップの確立──

市町村議会の特徴は、地方政治の負の連鎖に陥る危険性を広げます。そこで、この危険性を常に意識して「住民自治の根幹」としての議会を作動させることが必要です。そのためには、議会改革に向けた計画を策定して、継続的に議会改革を進めることです。北海道芽室町議会は、議会改革を「議会活性化計画」、および議会・議員研修を「議会・議員研修計画」に基づき着実にそして継続的に進めています。これらの策定と実践を議会基本条例に明記しています。議会改革を一過性に終わらせることなく継続的に行おうとする議会の意思が示されているとともに、充実した体系的戦略的な研修によって議会改革を住民福祉の向上につなげる目的があります。

市町村議会議員の意識も大きく変化しています。小規模議会議員、町村議会議員のデータですが、20数年前（1989年）にはボランティア議員に繋がる名誉職的なもの（「奉仕的な性格が強い」）と考える議員が圧倒的に多かった（72.6％）。しかし今日（2011年）、無報酬や実費弁償支給程度に直結するボランティア議員について、ほとんどの議員は否定的になっています。「ボランティアと同じでよいとは思わない」80.8％となっています。これらの結果の相違は、現実の議員活動にはボランティア議員と異なる議員活動が期待され、実践されていることの反映です（全国市町村議会議長会『市町村議会議員の活動実態と意識』（本論・補遺）2013年）。

　議会改革を進め、住民福祉の向上につなげるためには、議長・副議長のリーダーシップが不可欠です。そのためには、議会内多数派内の期数の多さを基準に選出するわけにはいきません。そのためには、立候補制、所信表明といった議長・副議長選挙のルールを確立させることです（議会基本条例に明記：北海道栗山町、同福島町）。なお、議長・副議長任期が1年という議会もありますが（自治法103では4年間）、そもそもこれでは議長のリーダーシップを果たせません。少なくとも任期2年間で再任を妨げないといったルールを確立することが不可欠です。

(5)　議会・議会事務局のネットワーク

　市町村議会は、議会改革、したがって住民自治を推進する突破力を有しています。とりわけ、3つの特徴は議会がまとまり、住民目線からの活動の可能性を高めます。今日、議会と首長の政策競争を進化させるために地域協働が必要です。住民自治はネクスト・ステージに進みつつあります。議会改革の本史の第二段階です。

しかし、市町村議会は資源が限られていることから、議会改革を継続的に行うのは容易ではありません。その特徴は同時に議会改革を停滞させる要因にもなります。その打開の方途を常に意識しない限りは、市町村議会は衰退する可能性を秘めています。

　市町村議会は当該市町村の首長や職員との連携も必要です。同時に、自治体の議会同士が「善政競争」する必要があります。それらはライバル以上に日本の住民自治を進めるチーム・メートです。だからこそ、相互交流が必要です。そのための場が、全国あるいは都道府県ごとの市議会議長会や町村議会議長会です。平成の市町村合併による市町村数の激減にあたって、地域ごとの議会間連携もこの文脈で理解してよいでしょう。また、情報交換や研究のために、マニフェスト大賞（および前日の研修会）、自治体学会議員研究ネットワーク、自治体議会改革フォーラム、議会事務局研究会、議会事務局実務研究会、いわて県議会事務局研究会などが設置されています。

　執行機関における弁護士の期限付任用制度が広がっています。市町村議会は、必要であっても財政上の問題から独自採用は困難な場合もあります。その場合は、隣接議会による共同での任用や、討議会自治体の執行機関との併任も想定できます。また、全国市町村議会議長会、あるいは都道府県ごとの市町村議会議長会による任用の活用も検討してよいでしょう。

　なお、大規模・中規模議会の改革の起動は速いとはいえません。しかし、その議会は一度改革の意思を持てば急激な進展が可能となります。そこで、一般の市町村議会が議会運営の負の連鎖に陥らないためにも、大規模・中規模議会の改革動向を意識することは必要です。大規模・中規模議会の制度化された議会改革を市町村議会も活用できます。たとえば、横浜市会会議局が発行している情報誌『市会ジャーナル』を恒常的に受け取ることは地方自治や議会改革の動向の確認に有用です。

市町村議会の先進性・突破力を高めることは市町村議会だけの問題ではありません。住民自治にとって普遍的なテーマを含んでいます。議会改革を超えて自治体内の地域協働の構築は住民自治の強化です。それを支援する自治体を超えたネットワークの充実によって、それぞれの議会改革が進む側面を重視したいと思っています。

＊＊＊

　議会からの政策サイクルと議会・議員評価の手法開発を深めていかなければならない時期に来ています。この方向性としては多くの議会・議員は活動する中で、実際にすでに踏み込んでいる事項も少なからずあるでしょう。それを体系化し深化・進化させ新たな議会改革のバージョンを創り出したいものです。共に議論していきましょう。

（江藤　俊昭）

第2章

〈実践報告〉北海道・福島町議会

自治体・議会の紹介

(1) 北海道・福島町の紹介

立地、自然など

　福島町は、北海道の南、渡島半島の南端に位置しています。面積は187.23km²で、東は知内町、西は松前町、北は大千軒岳（1,072m）を挟んで上ノ国町と接しています。
　津軽海峡に面した海岸は、東の矢越岬から西の白神岬まで、変化に富んだ美しい景観に恵まれ、北海道最南端の道立自然公園に指定されています。
　昭和38年（1963年）に、北海道と青森を結ぶ青函トンネル工事が始まり、北海道側の工事基地となった本町は、「トンネルの町」として工事とともに歩んできました。
　昭和60年（1985年）の工事完了後は、イカやマグロをはじめとする沿岸漁業や、養殖コンブを中心とした栽培漁業、水産加工業を基幹産業としています。
　また、本町は「第41代横綱千代の山」「第58代横綱千代の富士」の二人の横綱の出身地であり、「女だけの相撲大会」や「千代の富士杯争奪小中学生相撲大会」などの行事が行われ、夏には九重部屋力士の合宿が町内で行われるなど、相撲をテーマとした「横綱の里づくり」を推進しています。
　「トンネルの町」と「横綱の里」のシンボルとして、町内には「青函トンネル記念館」と「横綱千代の山・千代の富士記念館」があり、隣接する道の駅とともに観光・交流の拠点となっています。
　●**国勢調査人口**は、昭和30年（1955年）の13,428人をピークに減少しはじめ、青函トンネル工事着工後は昭和50年（1975年）に増加するものの、その後、減少となりました。青函トンネルの完成後、工事関係者の転出が一段落した後も継続的に減少しており、平成22年（2010年）には、5,114人となっています。
　●**年齢別人口構成**については、0～14歳の構成比が低下し、65歳以上の構成比が高まるという、少子高齢化が急速に進んでいます。なお、平

成22年の住民基本台帳（9月末）の人口は5,216人で、102人の差がみられます。

　福島町では、平成2年（1990年）から20年間で総人口が37％減少しており、その減少率は、北海道（－2％）や渡島総合振興局管内（－11％）を大幅に上回る数値となっています。年齢3区分別構成比においても、本町は北海道平均および渡島管内平均を大きく上回る「少子高齢化」の進行状況にあります。

　人口減少と少子高齢化の進行は、地域の産業や福祉、コミュニティ機能など、まちづくりのさまざまな面にマイナスの影響を及ぼすことが多く、進行のスピードが速い本町では、対策が急務となっています。

　●産業別就業人口は、昭和40年（1965年）までは第一次産業の就業人口が3,000人以上（6割以上）を占めていましたが、青函トンネル工事の進捗状況とともに第2次産業の就業人口が増加し、昭和45年（1970年）から昭和50年（1975年）の間に倍増しました。

　その後、人口の減少とともに就業人口も減少傾向にありますが、産業別の構成比では、第1次産業の割合は横ばいが続き、第2次産業の割合が縮小する一方で、第3次産業の割合が拡大する傾向にあります。

　●平成の合併…　なし（松前町と10回の法定協議を実施）
　●人口…　4,749人、（高齢化率は39.86％）、世帯数は2,282世帯。
　　　　　　　　　　　　　　　　　　　　　（平成26年4月1日現在）
　●財政状況…　平成26年度当初一般会計予算3,399,615千円。
　　　　　　　　財政力指数0.180（平成26年度決算）。
　●産業別人口…　第1次産業332人、第2次産業885人、
　　　　　　　　　第3次産業1,015人、分類不能1人、合計2,233人
　　　　　　　　　　　　　　　　　　　　　（平成22年国勢調査）
　●特産品…　するめ、昆布

(2)　北海道・福島町議会の紹介

　●議員定数…　11人、平成26年4月1日現在の現員数11人
　　　　　　　　（男性10人、女性1人）。

●年齢別議員構成… 30代1人、40代1人、50代1人、60代6人、
　　　　　　　　70代2人、平均61.9歳。
●常任委員会… 3常任委員会（総務教育、経済福祉、広報広聴）。
●会派制… なし
●地方自治法第96条第2項の議決事件の拡大…
　① 福島町総合計画（実施計画を含むすべて）
　② 福島町過疎地域自立促進市町村計画
　③ 福島町まちづくり行財政推進プラン
　④ 福島町都市計画
　⑤ 福島町地域防災計画
　⑥ 福島地域マリンビジョン計画
　⑦ 福島町農業振興地域整備計画
　⑧ 福島町森林整備計画
　⑨ 福島町地域福祉計画
　⑩ 福島町住宅マスタープラン
　⑪ 福島町高齢者保健福祉計画・介護保険事業計画
　⑫ 子ども・子育て支援事業計画
●議員提案条例（政策条例）… なし
●議会基本条例の制定… 平成21年3月定例会において可決
　　　　　　　　　　　（賛成6、反対4）。
●投票率… 町長選挙～平成24年8月（80.62％）、
　　　　　平成23年1月（84.80％）
　　　　町議会議員一般選挙～平成23年8月（83.27％）、
　　　　　平成19年8月（78.02％）
●議会事務局職員数… 定数3人、平成26年4月1日現在の
　　　　　　　　　　現員3人（局長含む）。

北海道・福島町議会報告内容から

(1) 議会改革の到達点

開かれた議会づくり

　平成11年から「開かれた議会づくり」を目標にして取り組んできた改革の視点の1点目は、二元代表民主制としての議会の役割は何か、議会の主役は議員であるということをしっかり自覚し、行政依存や追認の議会から脱皮し、主体的に意思決定をするためにはどうすべきか、という視点です。

　具体的には、
①行政諮問機関の議員就任廃止。
②事前協議となる全員協議会の廃止。
③政治倫理条例の制定。

　2点目は、住民の意向を行政に反映させる住民参画で、議会活動が住民によく理解され情報を共有するための住民の側に立った視点です。

　住民は議会・議員の活動をよく分からないのが実態ですし、議員も常に住民の情報を的確に把握しているとは言えません。議会活動の重要な視点は、4年に一度議員を選挙する住民の意向を行政に反映させるための住民参画であり、議会活動を住民によく理解してもらうために情報を共有するという住民の側に立った視点です。

　具体的な取り組みとしては、

①会議の原則公開(情報共有、傍聴機会の拡充)

②従来の取り締る傍聴規則から、歓迎する規則への改正(議員を選んだ住民を取締る規則でよいのか。写真・ビデオ撮影を認める。子供(幼児)の傍聴も認める。)

③傍聴者への議案・資料の配布(議員と同じ資料を提供し審議内容を解りやすくしました。)

④住民懇談会の積極開催(情報の共有、住民意見をしっかり聴取し行政へ反映。)

⑤選挙公報の発行(候補者1人800枚の選挙用はがきを申し合わせで止め、候補者全員の公約を掲載し全戸配布。経費節減となる。)

⑥議会、議員の評価制度導入(議会・議員の活動を知っていただくため、1年の活動を振り返り問題点を整理し、総括的な反省を踏まえて次年度の目標設定をする。)

⑦夜間休日議会の開催(3月議会の夜間議会で一般質問。初議会を土曜日開催。)

⑧議会単独ホームページ開設(町HPの議会コーナーからスタートし、議会コーナーの内容充実により町全体の容量が議会部分だけで全体の2分の1を超える状態になり、議会単独として開設。)

⑨議員研修会(講演会)への住民参加(情報を共有し、議会活動を知っていただくため。)

　3点目は、地方分権改革や町村合併推進等々、国全体が大きく変動している中で議会・行政も変わらなければという視点です。

　この3つの視点で先進事例を参考にしながら「気が付いたことから、できる事から」を合言葉に現行法でできるものから順次取り組んできました。

　町政の「計画・執行」と、町民に見えやすい部分を担当する行政に比べ、「決

定・監視」する議会の活動は、町民に見えづらく、解りづらい仕組みになっていますが、説明責任・議決責任を充分意識し、政策形成過程の早い段階から議員・議会の意思を計画に反映させるよう工夫、努力に心がけてきました。所管事務調査段階での討議による議会の意思の反映は多くの場面でありました。

①公共下水道計画の中止（総事業費130億円・起債50億円、基本計画作成後中止⇒町管理型浄化槽へ転換）

②温泉ホテル構想の中止（町営で宿泊100人規模。計画段階で議会調査を経て中止）

③財務システム更新でのプレゼンテーション実施（約4,000万円コスト削減）

④選挙の平日投票（190万円の人件費削減）

⑤火葬場建設費の抑制等（所管調査から特別委員会設置、1.2億円削減）等で、隣町との合併をせず、自立の道を選択し、厳しい中で財政破綻を回避することに一定の役割を果たしてきたものと思っています。

「議会基本条例」の制定（改革への思いを込めて善政の競い合い）

平成19年6月、改選を前に町民懇談会を開催し、「開かれた議会づくり」の課題と併せ、議会基本条例施行に向けてタイムスケジュールを示し、新たな議会構成の中で議会基本条例の制定に向けた課題・行程を再確認し、精力的に策定作業を行いました。

議会基本条例の前文には、「開かれた議会づくり」の集大成として、決してこの改革を後退させてはならないとの強い思いが込められ、合議制の議会と独任制の町長が緊張関係を維持しながら、政策をめぐる立案・決定・執行・評価（監視）における論点・争点を明確にし、善政を競い合うとして、改革の3つの視点を忘れることなく、不断の努力を続けることを約束しています。

善政のイメージは、まず、行政を追認してきた今までの議会活動について、「結果責任」としてしっかり認識し反省すること。その上で、「役割分担」する事を意識し、町の未来へ挑戦する「協働のまちづくり」へと行動（議会活動）する事と考えています。
　まちづくり基本条例と議会基本条例の目的達成のための実行課題は、「住民・議会・行政の協働」です。両基本条例の実践で過去の手法を反省し、住民の意識を高め、受け身の参加から積極・能動的な参画・協働へ結び付けることができるかが重要だと考えています。
　このことから、目的達成のための実践目標として3つの柱を立て、さらにその中で具体的にそれぞれの事項を規定しています。
　1点目「**わかりやすく町民が参画する議会**」
　①すべての会議を原則公開
　②議案、資料の情報提供（HP上での事前公開）
　③議会への参画を奨励する規則。
　④議会報告会の開催。
　⑤議会白書作成・公表
　⑥「議会・議員評価」の義務化。
　⑦採決態度の公表
　⑧政務活動費の公表
　⑨議長、副議長選の所信表明の実施。

　2点目「**しっかりと討議する議会**」
　「討議」とは、議員間、行政と議員、特に住民との討議が重要と考え、その機会を積極的に提供していくこと。
　①主体的、機動的な議員活動をする通年議会（会期を会計年度とし、町長の「告

示、招集」行為を削除。会期に制約されてきた議会活動を実態と符合させる。）
②委員外議員制度の活用（定数削減を補い、議員の主体的な活動を促し、常任委員会活動の活発な展開を期待。）
③質疑・質問の回数と時間制限を撤廃（一問一答方式、一般質問の答弁書提出を条例に明記。）
④町長等の反問制度（反問から討議への展開を期待。）
⑤適正な議員定数、議員歳費の決定（適正な標準を住民に示し合意形成を図る。）
⑥自由討議による合意形成（議会の意思をまとめ行政に示す。）
⑦傍聴者の討議参加。

3点目「**町民が実感できる政策を提言する議会**」
①善政競争による政策提言（提言型の討議により善政を競う議会。）
②政策形成過程の資料（政策調書）提出を義務化
③重要計画を議決事件として規定（責任を分担。）
④行政の事務・事業評価の実施（決算審査資料として提出、議会評価。）
⑤議会の附属機関の設置(定数、歳費、基本条例の実行計画等を諮問。）

議会基本条例の検証からさらに実践する行動計画の策定

　諮問会議から「現状及び課題を確認した結果、本条例の見直し改正は必要ないものと判断する。」との答申を受け、さらに充実した議会活動を期待するとして示された意見を参考にしながら次の事項を織り込んだ行動計画を策定し実践しています。

①調査事項は、「論点・争点」を明確にして議会としての意思をはっきり示す実践（討議を明確にする発言ルールの制定・定期的な勉強会の開催）
②一般質問事項の追跡調査と政策提言への取組み（常任委⇒政策提言）
③総合計画に対する議会提言の追跡調査（常任委調査⇒提言）
④総合計画条例制定への取組み（研修会開催2回：25年度条例制定）
⑤住民意見を聞くことに重点を置いた懇談会の実施（町内会単位（小規模）で開催18会場）
⑥議会・委員会の結果を適切に執行側に伝えるため、本会議後の議会運営委員会報告（反省点）、常任委員会意見を執行側に手交。（意見交換を含む）

政策立案・チェック機能の近況

　「企業誘致」を公約に掲げている町長の当初案は「企業立地促進条例」として常任委員会に示されましたが、説明・資料が不十分でその効果が期待できないとした委員会意見となった。その後、本会議において条例案を否決。最終的には企業誘致という視点ではなく、町内の企業振興を主体にした条例として制定されました。この間の議会対応から最終的な条例制定までの一連の経過の検証を議会諮問会議に諮問しました。
　総括的な意見は、「実行性のある生きた条例は福島町のためになる。本件の提案に係る行政の準備作業はいささか不十分で、それが議会における活発な議論を呼び起こした。この活発な議論があってこそよい条例の制定にたどりつくことができた。一連の議論では、財源の明示など議会基本条例第9条（町長の説明責任）に規定している事項に関する件が多かった。議会基本条例が示すルールに行政もきちんと向き合って政策を立案することがよりよい政策を行うための不可欠な要件であることが実証されました。

議会における論点提起は厳しいものがあるが、全体として的確であった。議会と行政が厳しく向き合うことにより、幾度も修正を重ねながら成立した条例の制定過程に着目すれば、本条例は議会と行政の「共同作品」といえる。議会と行政の双方が、住民の目線で十分な議論を行い、柔軟に調整し、よりよい結論を導き出すことが、議会と長の使命であり、今回の件は、途中経過を含めてよい結論に達したと評価できる。」との答申を得たところです。

議会基本条例見直し検討による行動計画の実施状況

平成24年度に議会基本条例第28条（見直し手続）に基づき各条文の取り組み内容等を検証し、この結果を受けて「福島町議会基本条例見直しによる行動計画書」としてまとめました。議会では当該行動計画書による改善等への取り組みを順次進めており、平成25年度の実施状況等は、次のとおりです。
（凡例：○＝実施、△＝一部実施、▲＝未実施）

NO	項目	行動計画の概要	評価	H25の実施状況	今後の取り組み等
1	論点・争点を明確にした議員間討議の実施	「議会の運営に関する基準」に討議等のルールを追加する。	○	□基準を改正した。（H25.3.4施行） □議長及び委員長は基準に基づき口述に論点整理と討議を設けて会議を進行している。	□引き続き論点整理と討議を進める。
2	出前議会の開催と議会報告会の充実	出前議会のH24.4開催に向け町民団体に呼び掛ける。報告会のH23年度の開催結果を検証しH24年度の開催計画をまとめる。	○	□「町民と議員との懇談会」として実施した。（3班体制・延べ6日間、18会場）	□引き続き出前議会のＰＲを進める。 □引き続き3班体制を維持し懇談会を実施する。

3	討議等の充実に向けた検討会	本会議と常任委員会に区分し試行的に実施する。	○	□定例に再開する本会議の勉強会を4回開催した。	□引き続き開催する。定例以外の会議は適宜開催する。 □常任委員会の勉強会は適宜開催する。
4	議員報告活動の充実	各議員の活動事例やホームページ開設の実践例等を確認し合いながら自主活動の充実に向けて取り組む。	○	□議員活動の自己評価価」に「議員個人としての活動」を新たに設け、議会だよりで公表した。 （H25.6.1発行）	□引き続き議会だよりで公表する。
5	政策提言に繋がる一般質問	質問を総合計画の政策別に分類し、常任委員会で今後の対応を検討する。併せて共同による質問の取り組みについても検討する。	○	□H24.3からH25.9までの質問を分類し、常任員会で検討のうえ、両委員会とも「ふるさと応援基金の活用」を所管調査とした。	□引き続き常任委員会で検討し進める。
6	事務事業説明資料の充実	H24年度当初予算からの説明資料の見直しを検討する。	○	□議会事務局の見直しの考え方とH25当初予算の全事務事業の具体的な記入例を示し協議した。 □H26当初予算の説明資料に「事業内容等」としてより詳しく事業内容等の説明が記載された。	□引き続き各事務事業の「活動指標」の記載に向けて協議を進める。
7	適正な議会費の確立に向けた協議	議会基本条例諮問会議に「議会費の標準率の検討」を諮問のうえ、内容を決定し町長に説明する。	○	□平成26年度の当初予算は「標準とすべき額の3,184千円」を121千円上回る3,305千円とした。	□上回った理由は、議会だより印刷製本費の142千円の増でページ数の増と単価アップと前号カラー印刷としたことによります。

第2章 〈実践報告〉北海道・福島町議会

8	議員研修の充実・政務活動費の活用促進	全議員の政務活動費を含む視察・研修成果の共有を目指した報告会を検討する。	○	□視察・研修報告会を2回開催した。	□引き続き四半期（3ヶ月）毎の開催を原則とし実施する。
9	議会白書の充実	新たに1年間の本会議及び常任委員会活動の総括した内容を掲載する。	○	□左記内容を記載した、平成25年度版「議会白書」を決定し議会HPに公表した。	□引き続き平成25年度版議会白書を基本に作成する。
10	議会だよりの充実	本会議及び委員会活動の内容を町民がより分かりやすく興味が湧くように編集する。	○	□論点・提言を分かりやすく伝える編集とし、常任委員会報告は1調査に1ページ割り当てたことや、従来よりも余白部分を多くした。	□左記の編集方針を基本に作成する。□第28回町村議会広報コンクール（全国222紙参加）において、福島ぎかいだより97号（H25.6.1）発行が、企画・構成部門の奨励賞に選ばれました。なお、全体では入選11紙、奨励賞10紙でした。
11	メールマガジンの検討	携帯電話を活用したメールマガジンの情報提供を検討する。	△	□行政HPと議会HPを見やすく分かりやすく最新情報の提供に向けたCMSサービスを検討。	□町は、左記の見直しに当たり総合計画にホームページ管理システム（CMS）購入事業（5,700千円）を新規登載したが、H26当初予算に計上していない。今後の対応について協議を進める。
12	説明員の最小限化	「議会の運営に関する基準」に説明員を課長職以上に改正する。	○	□行政側と予算・審査特別委員会の対応について協議し、これまでの係長職以上から課長職以上とすることで合意した。	□基準は改正せず左記に基づき引き続き対応する。

77

１３	総合計画条例（仮称の検討）	町民・行政・議会の協働による総合計画づくりのための条を検討する。		□総合計画の策定と運用に関する調査特別委員会を設置し条例案等を調査した。 □定例会６月会議で条例を議決した。 □H25.12月に「第５次総合計画策定に係る提言書」を提出した。	□条例に基づく運用となるようチェックを進める。 □提言がどのように計画に反映されているか確認する。

(2) 議会・議員評価の意義

　地方分権の推進により、二元代表制の中でより一層地方議会の自主性強化が求められているが、その内容は法令や会議規則などの制度的なものにとどまらず、議員個々の資質向上や議会の審議内容の充実などの運営面についても、多岐・多様にわたり見直しをする必要がある。

　しかし、どうしてもこれまでの慣例などが障壁になって、少なからず従前どおり進めているのが実態ではないであろうか。

　このようなことから、福島町議会を客観的に評価するにはどうしたらよいのかを議会運営委員会を中心に検討した結果、「開かれた議会」をめざす会の宮沢栃木県矢板市議、新潟県湯沢町の高橋議員や「仙台市商工会議所」の取組みなどを参考にし、「町民に議会の状況をより知っていただく」、「一年間の議員活動を振り返り、反省したうえで次のステップにつなぐ」、「真の町民代表としての資質向上を図り、議員としての責務を果たす」一助とするために平成17年1月に「議会の評価」、2月に「議員の評価」を導入しました。

　評価は、まず、最初に議会を構成する議員の評価が先であるという説もあるが、「議会の評価」は、議員個人の評価と違い、項目的にも客観的に他の議会との比較がしやすいものと考え、議会の組織としてどの程度その機能を本来的に果たしているかということを知るためのものであります。

　一方議員の評価は、一般質問などその回数が多いから良いのか、内容はどうなのかなど非常に客観性に乏しいことが問題となり、最終的には、前述の湯沢町の高橋議員が個人的に行っている「自己評価」の方式としました。

　なお、平成17年の「議員評価」の導入時は、任意提出としていましたが、平成21年施行の議会基本条例では、義務規定としています。

◆各評価の概要

「議会の評価」

①評価方法

評価項目に基づき1年間の活動を、全道・全国等の水準と比較し、議会運営委員会で決定。また、4年間の総合的な評価も行います。

評価は、「概ね一定の水準にある○」、「一部水準に達していない△」、「取組みが必要▲」の三段階としています。

②公開

直近の「議会白書」、「議会だより」、「議会HP」で公開しています。

③評価項目

議会の活性度、議会の公開度、議会の報告度、住民参加度、議会の民主度、議会の監視度、議会の専門度、事務局の充実度、適正な議会機能、研修活動の充実強化（上記の主要10項目には、それぞれ小項目があり、全体で36項目を設定しています。具体的な項目等は資料を参照）。

「議員の自己評価」

①評価方法

評価の指針や選挙の公約などを基本とし、1年間の議員活動を6項目により自己評価。また、4年間の総合的な自己評価も行う。評価は、「ほぼ満足○」、「努力が必要△」、「さらに努力が必要▲」の三段階としています。

なお、当初の評価は「結果」のみの評価でしたが、平成19年からは「取り組みの評価」項目を追加しました。

②公　開

直近の「議会白書」、「議会だより」、「議会HP」で公開しています。

③評価項目・評価の指針

行政、財政、経済、福祉、教育の各分野の取組みと、その他の取組み項目。態度、監視、政策提言、政策実現、自治活動・議会改革取組み評価（評価の細指針は省略）。

◆各評価の結果（平成25年度分）
「議会の評価」
　主要10項目を具現化した36項目の評価を、各種の基礎資料に基づき議会運営委員会が評価した結果は次のとおりです。
「おおむね一定の水準にある○」が31項目となり、主要10項目の8項目で「おおむね一定の水準にある○」結果となりました。
　次に、「一部水準に達していない△」が5項目で、その内「議会の活性度」において4項目ある。1点目は、「一般質問者数」が1議会平均5.3人となり全道の4.7、全国の6.2人を下回りました。2点目は、「討論」において93議案のうち、討論が行われたのは2件と少ない。3点目として、「討議」については、議会基本条例にも規定しているものでありその必要は言うまでもないことであり、議会運営基準を改正して本会議で討議を行うための内容を追加したが、本会議においては1件も行っていない。常任委員会では、論点を整理して討議を行っています。4点目は「文書質問」において、件数は前年度より微増しているものの、政策提案に向けた活用が課題となりました。
　次に、「住民参加度」については、「各種団体との懇談会の開催（常任委員会の活動）」項目において、開催回数が少ないための結果となりました。
　なお、「取組みが必要▲」とされたのは前年度に引き続きありませんでした。

「議員の自己評価」
　平成17年分の議会活動から始めた議員の自己評価は、今回で9回目となります。議員自己評価は、10名から提出がありました。下表のとおり5分野に

ついて具体的に取り組んだ事項を3段階で自己評価したものです。

　集計の結果、「取組の評価」については、項目全体の149項目中、「○ほぼ満足」は71件で48％、「△努力が必要」は66件で44％、「▲さらに努力が必要」は12件で8％となりました。

　次に、「結果の評価」については、項目全体の149項目中、「○ほぼ満足」は45件で30％、「△努力が必要」は65件で44％、「▲さらに努力が必要」は39件で26％となりました。

　取組の評価では「○ほぼ満足」が48％であるが、結果の評価では30％と大きく差があります。このことから、今後も各議員の取り組みが今まで以上に結果として反映されるように努力する必要があります。

　また、議員個人としての活動について、1名の議員から報告がありました。（後掲資料1参照）

□自己評価の指針

主要指針	評価の指針等
1. 態度評価	町民の立場で発言・行動をしているか。議会での態度（居眠り、私語など）、審議の態度（品位の保持、審議への協力度）
2. 監視評価	一般質問、討論、質疑・意見交換・討議（発言）などで行政執行をチェックしたか。
3. 政策提言評価	町民の意向を政策に反映させるため、行政への一般質問、討論、質疑・意見交換・討議（発言）などで政策提言をしたか。
4. 政策実現評価	一般質問、討論、質疑・意見交換・討議（発言）などで指摘した事項が改善されたか。また、政策提言した事項が実現したか。
5. 自治活動・議会改革取組み評価	議会報告をしているか。地域活動へ参加しているか。町づくりなどへの貢献度はどうか。町民ニーズの把握はどうか。

(3)　議員や住民の感想や変化

議会・議員として評価の導入以前は戸惑いや不安が先行し、実行する難しさに戸惑いもありましたが、いざ取りかかってみると、議員として一年間の活動を振り返って反省する点や日常の議員活動における自己啓発にもなるという声も聞かれます。しかし、評価の目的はこれだけではありません。議会・議員の活動状況を発信するという大きな役割もあります。さらなる議員個々の対応を活性化することが必要と考えます。

町民懇談会では、「評価をするのは今の時代当たり前」という行政に関心のある方の意見もありますが、他議会より多くの情報を議会だよりやホームページなどで提供しているつもりでも、どれほど町民は情報を受け取っているのか疑問です。これは、単に評価に関することだけなく行政全般にも言えることです。

まちづくり基本条例と議会基本条例の目的達成のための実行課題は、「住民・議会・行政の協働」です。町民の意識を高め、受け身の参加から積極・能動的な参画・協働へ結び付ける努力がまだまだ必要と思います。

◎今後の課題

人口5千人を切る町での議会・議員評価は平成27年度で10回目を迎えることになります。導入当初は参考とする他の議会もなく、恥ずかしながら手探りの状況でここまで取り組んできました。

しかし、今全国をみると、芽室町議会、会津若松市議会、滝沢市議会などが評価に取り組んでいる状況となっています。大変心強く思うと同時に、この機会に各議会の取り組みを勉強させていただき必要なところは議会運営委員会で検討して改正することも必要であると考えています。

研究者のアドバイス等を参考にして評価のバージョンアップを図らなければならないと考えています。

資料1　福島町議会基本条例と関連条例等の関係図

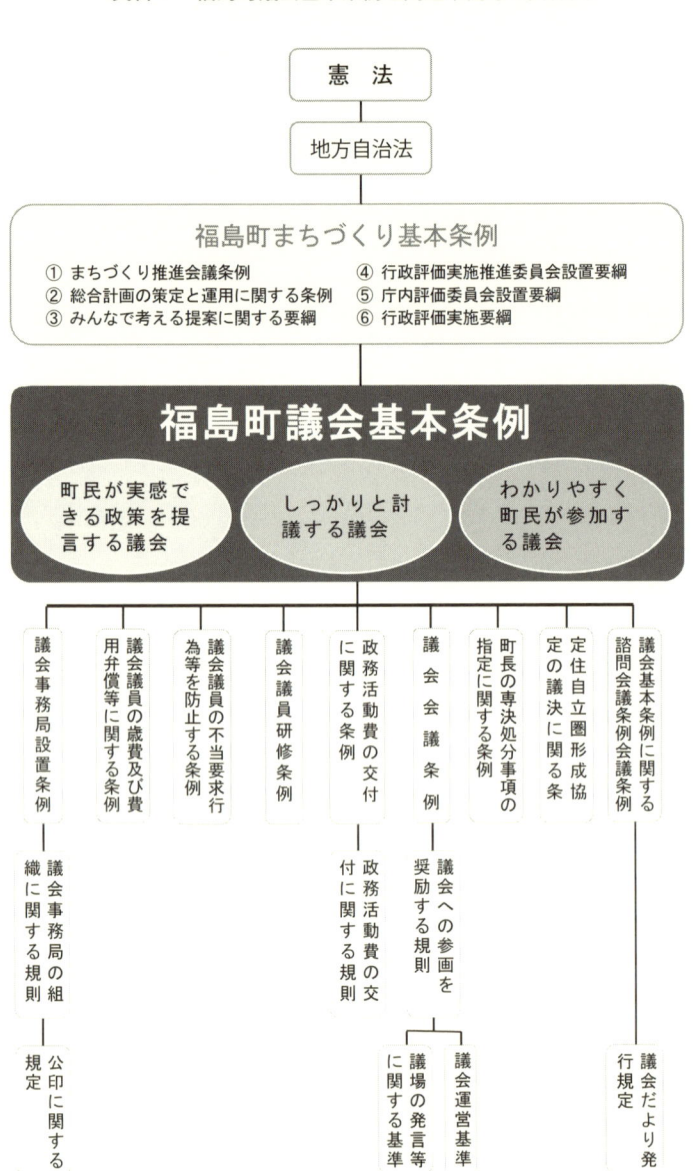

```
            憲　法
              │
           地方自治法
              │
    ┌─────────────────────────┐
    │   福島町まちづくり基本条例      │
    │ ① まちづくり推進会議条例      ④ 行政評価実施推進委員会設置要綱 │
    │ ② 総合計画の策定と運用に関する条例 ⑤ 庁内評価委員会設置要綱 │
    │ ③ みんなで考える提案に関する要綱 ⑥ 行政評価実施要綱 │
    └─────────────────────────┘
              │
    ┌─────────────────────────┐
    │     福島町議会基本条例         │
    │  町民が実感で   しっかりと討   わかりやすく  │
    │  きる政策を提    議する議会     町民が参加す  │
    │  言する議会                     る議会       │
    └─────────────────────────┘
```

下部の関連条例（左から）：
- 議会事務局設置条例 ─ 議会事務局の組織に関する規則 ─ 公印に関する規定
- 議会議員の歳費及び費用弁償等に関する条例
- 議会議員の不当要求行為等を防止する条例
- 議会議員研修条例
- 政務活動費の交付に関する条例 ─ 政務活動費の交付に関する規則
- 議会会議例 ─ 議会への参加を奨励する規則 ─ 議場の発言等に関する基準／議会運営基準
- 町長の専決処分事項の指定に関する条例
- 定住自立圏形成協定の議決に関る条例
- 議会基本条例に関する諮問会議条例会議規 ─ 議会だより発行規定

資料2　開かれた議会づくりの足どり（平成11年度～平成21年度）

年月		取　組　み　の　概　要
11	9	・議案朗読の省略（議案の説明や質疑に重点配分）
	12	・傍聴者への会議（本会議）閲覧資料の配付（審議内容の明確な理解等を得るため）
12	2	・傍聴者へ会議（常任委員会）閲覧資料の配付（本会議と同様に審議内容の明確な理解等を得るため）
	3	・予算説明書の朗読省略（効率的な議案説明の実施）
		・年度執行方針に対する質疑の廃止（一般質問・予算審議との重複質疑を解消し、効率的な議会運営を図る）
		・一般質問の一問一答方式採用（質問・答弁の議論の散漫防止と内容の充実。質問時間を30分から45分に延長）
		・議会だより「一般質問」の簡素化（第44号から詳細は会議録にゆだね、集約して議会だよりの役割明確化と読みやすさを主体とした紙面づくり実施）
		・通知等の迅速化（議員が自費でFAXを設置し、通知連絡等の迅速化・発送費用の削減及び発送事務の省力化を図る）
		・会議録検索システム導入（会議録の配布を廃止、ＬＡＮによるデータベースの構築）（平成17年度で休止）
	4	・本会議場のテレビ放映化（議場の会議状況を庁舎1階ロビーに放映し、一人でも多くの町民に行政（議会）のことについて関心をもってもらい、町民主体の町づくりを図る）
		・議会だより速報版の発行（これまでにない大規模な下水道事業の議論があり、特別委員会等の結果を4ページにまとめた速報版を発行）
	10	・「議会運営報告」を議事日程に追加
13	3	・行政報告文書の配付（口頭報告では事項が多く確実な伝達とならないため）
		・包括的所管事務調査事項の採用（閉会中に突発的な調査に対応するため包括的な事項を毎定例会に議決）
		・議会運営基準の制定（議会の透明性と適正化の推進）
		・ビデオライブラリーの創設（議会の審議などに供するため、各種ジャンルでテレビの録画等により「ビデオライブラリー」を創設。現在、ビデオテープ148本420タイトルを所蔵）
	4	・議会ホームページの創設（会議録検索システムデータを活用した情報提供、執行者側に更新を依頼する方式）
	6	・議員控室に書架を設置

13	7	・執行者より要請の「議員協議会」の公開（原則として議場を使用し、公開を基本として傍聴の許可、テレビ放映を行う） ・定例会直近の「協議・報告事項」の説明取止め
	8	・「開かれた議会づくり」に向けた懇談会の開催（女性団体連絡協議会や傍聴者などとの懇談会を開催し、議会に対する意見交換）
	9	・一般質問答弁書の配付（答弁書を質問者に事前に配付して議論の充実を図る） ・議会開催周知の充実（議会だより、インターネットに加え、防災行政無線等での周知を実施）
14	5	・「市町村合併講演会」（池上洋通氏）を議会主催で開催
	7	・各種団体との懇談会開催（「開かれた議会づくり」など議会に対する意見交換）
	9	・議員定数問題について町民懇談会を開催（町民主体の議会という原点に立ち2名を削減）
15	4	・会議録の業者委託廃止（委託額程度の予算により、会議録作成期間の短縮及び議会・監査委員事務の効率化のため、臨時職員を雇用、作成期間目標の設定）
	6	・議員定数の削減（１６人から１４人に） ・長期欠席者に対する報酬・手当の減額措置を規定化（実施は改選後の同年９月から）
	12	・議会ホームページの独自更新方式による公開内容の充実と迅速化（行政視察報告、委員会資料等の事前公開）
16	2	・「市町村合併講演会」（岡田知弘京都大学教授）を議会主催で開催
	6	・委員会の傍聴を許可制から、本会議と同様に「公開」に委員会条例を改正
	6	・傍聴規制の大幅な緩和（これまでの傍聴者を取り締まる内容から、制限を大幅に緩和した規則に改正）
	10	・法律の規定以外は、町長の附属委員会からすべての議員が辞退平成９年４月から議員が辞退した委員会（表彰審議会、学校給食センター運営委員会、地域農政総合対策推進協議会、温泉健康保養センター運営委員会、公営住宅入居者選考委員会、総合開発計画審議会、国民健康保険運営協議会）平成10年４月に条例廃止したもの（奨学生選考委員会、生活改善センター運営委員会、福祉センター運営委員会、漁村環境改善総合センター運営員会、町史編集審議会）
	12	・合併に関する町民懇談会の開催（福島・吉岡地区）

17	1	・「議会の評価」を実施 (議会・議員の活動評価は4年に一度の選挙だけという実態であり、等しく住民の代表として議員活動を行う必要が求められることから、客観的には困難な評価としながらもあえて議会・議員の評価手法を導入し、真の町民代表として資質向上を図り、その責務を果すための一助とします。)
	3	・「議員の自己評価」を実施 (目的は、「議会の評価」と同様)
	12	・「議会の議決事件の拡大」 自治法第2条第4項の「基本構想」と併せて「基本計画」を自治法第96条第2項の規定により議決事項として条例化「議会の議決すべき事項を定める条例の制定」、「制定の説明資料」、「町村議会の活性化取組み事例」、「議決権の拡大資料（議会活性化研究会）」
18	3	・本会議終了後、議会運営委員会を開催し「議会運営全般」について問題点・課題等を毎回検討することにしました。
	7	・町民懇談会の開催 これまで特別委員会などで検討し、平成18年の9月定例会に提案する予定の案件（議員定数の削減、報酬の減額、費用弁償の廃止、政務調査費の導入）などについて、広く町民の意見を聞き、併せて開かれた議会の状況を知っていただくことを目的に開催。①懇談会開催要項 ②会議資料1 ③資料4
	9	・長期間検討してきた、次の事項を次期改選（19年9月）から実施することにしました。①議員定数の削減（14→12人） ②議員報酬の削減（157→131千円）③議員の費用弁償の廃止（町内の会議に限り廃止）④政務調査費の導入（行政視察を廃止して、政務調査費が必要な議員に月額5千円支給）
	12	・議会の権能を充実する地方自治法の一部改正の趣旨を踏まえた、会議規則等の改正を行いました。 ①会議規則の改正（委員会の議案提出権、電磁的記録による会議録の作成） ②委員会条例の改正（閉会中の委員の選任） ③町長の専決処分事項指定条例の制定（自治法179条の改正に伴う専決処分事項の明確化）
		・福島町議会から選出している、渡島西部広域事務組合議員・渡島廃棄物処理広域連合議員による、それぞれの議会の結果を代表者が報告することとした。
19	2	・「議会の評価」、「議員の評価」（18年分の評価結果）を公表（第2回目）少しでもわかりやすくするため、「取り組みの評価」の項目を追加。また、前年の評価から、その反省点や課題などを目標とすることが望ましいとして「議員活動の目標（公約）」の様式を新たに追加し、公表。

19	3	・初めての「夜間議会」を開催これまで、他議会の休日・夜間議会の状況を調査し、継続性がないことや質問時間等に対する制限をしなければならないことなどから夜間議会に変えた方策をしてきましたが、町民懇談会などで強い要望があり、試行的に「夜間議会」を開催しました。　①開催要項等　②傍聴者のアンケート結果
	5	・町民懇談会の開催１９年８月で任期満了となることから、これまでの４年間のあゆみと今後の課題・検討事項について広く町民の意見を聞き、併せて開かれた議会の状況を知っていただくことを目的に開催。　①開催要項　②懇談資料　③報道記事
		・委員間討議の充実（試行）委員会活動の充実強化を図るため、「委員間討議」の時間を設定して所管事務調査を実施。(改選後に本運用する）
	6	・議員研修会（議員会主催）を開催１９年８月で任期満了となることから、４年間の議会改革の検証と求められる諸課題等についての研修会を開催。　福島町議会の活動評価、議員提案条例の紹介（草間　剛氏）今後の議会改革の方向性（千葉茂明氏）　①研修会レジメ　②資料１　③資料
	8	・議員選挙の投開票日を平日に実施土日の期日前投票を活用することによる投票率の向上と、投開票事務の経費削減を図る目的で選挙管理委員会に議会が要望
		・選挙公報の発行（第２回目）１５年に引き続き、第２回目の選挙公報を発行、公職選挙法で規定している「はがき」による選挙運動は全立候補者が活用しないことにより、経費の削減となった。
	9	・初議会（臨時会）を土曜日に開催９月１日（土）の任期初日に行われる議会構成等の大事な会議を、傍聴の利便や議員の認識強化などを図る目的で土曜日に開催。
	9	・議長、副議長選挙に伴う所信表明の実施初議会の正副議長選挙の前に、議員協議会を開催して正副議長を志す方の所信表明演説を実施。
		・改選後、今後の４年間の課題・方向性を全議員で確認①討論の交互廃止、②委員間討議の充実・強化、③委員外議員の参加及び討論の充実、④議会白書の作成、⑤広報、公聴常任委員会の新設、⑥一般質問の時間制限の廃止、⑦「質問」の回数制限廃止、⑧議員研修条例の制定、⑨議員の口利き防止条例の制定、⑩傍聴人の討議への参加、⑪「質疑」の回数制限廃止、⑫議会による行政評価、⑬説明員の反問制度の導入、⑭通年議会制度の導入、⑮文書質問（質問主意書）制度の導入、⑯学識経験者等の専門的知見の活用等、⑰議会評価、議員評価の充実、⑱選挙期間における立会演説会・討論会の開催、⑲議会基本条例の制定
		・政務調査費の交付に関する条例の一部改正次の２項目を改正しました。①改選期の年の４月から８月の５カ月間の政務調査費は交付しない。②「補欠選挙」を「選挙」とする文言整理。

19	11	・第2回マニフェスト大賞で　最優秀成果賞を受賞平成18年は「審査委員会特別賞」でしたが、2回目となるこのたび地方議会部門で「最優秀成果賞」を受賞。また、昨年に引き続きベスト・ホームページ賞にも2年連続「ノミネート」。主催:ローカルマニフェスト推進地方議員連盟／共催:早稲田大学マニフェスト研究所／協力:ドットジェイピー／後援:毎日新聞社
	12	・「討論交互の原則」を廃止会議規則の一部改正活発な討論による意見表明を期待し、会議規則の「討論交互の原則」を廃止。（会議規則52条削除）
20	1	・「議会の評価」（19年分の評価結果）を公表（第3回目）
	2	・「議員の評価」（19年分の評価結果）を公表（第3回目）定数12人中、7人が提出。
	3	・「通年議会」等を試行福島町議会活性化事項の試行に関する実施要綱（平成20年3月11日から9月30日）を制定し、次の項目について実施。①通年議会制度　②質疑の回数制限の撤廃　③説明員の反問制度　④文書質問（質問趣意書）制度　⑤傍聴人の討議への参加
		・「夜間議会」を開催（第2回目）傍聴者17人。昨年は51人。
		・議員研修条例の制定経費の節減に努めるとともに、議員の資質向上と議会の活性化を図るため、議員研修条例を制定
		・「一般質問」、「委員外議員」の制限を廃止　①一般質問の回数・時間制限の廃止（会議規則・発言運用基準の改正）②委員外議員の出席・発言に関する制限の廃止（会議規則の改正）
		・広報・広聴常任委員会の新設全議員の構成による「広報・広聴常任委員会」の新設（委員会条例の改正）
	3	・公職にある者等からの働きかけの取り扱いの方針に関する決議職員が外部から働きかけを受けた場合の対処方法として、「取扱要領」等の制定を要望する決議
	5	・議会ホームページの単独運用議会独自のドメインを取得（http://www.gikai-fukushima-hokkaido.jp/）
	6	・議会議員の不当要求行為等を防止する条例（議員倫理条例）の制定議員が政治倫理の高揚に努めるとともに、町民に信頼される議会づくりを進め、町政の健全な発展を図るため、議会議員の不当要求行為等を防止する条例を制定
	11	・第3回マニフェスト大賞で　ベストホームページ賞を受賞平成19年の「最優秀性か終審査委員会特別賞」に引き続き、3回目となるこのたび地方議会部門で「ベストホームページ賞」を受賞。主催:ローカルマニフェスト推進地方議員連盟／共催:早稲田大学マニフェスト研究所／協力:ドットジェイピー／後援:毎日新聞社

21	2	・「議会の評価」（２０年分の評価結果）を公表（第４回目）
	3	・「議員の評価」（２０年分の評価結果）を公表（第４回目）定数１２人中、７人が提出。また、議会活動の目標（公約）を７人が提出。
		・「夜間議会」を開催（第３回目）傍聴者１４人。昨年は１７人。
		・【議会基本条例】を修正可決（賛成７人・反対４人）福島町議会基本条例を制定。主な取り組み。①わかりやすく町民が参加できる議会　②しっかりと討議する議会　③町民が実感できる改革を提言する議会
		・【議会基本条例の制定に関連する条例等】を整備福島町議会基本条例の制定に併せて関連する条例等を整備。　①福島町会議条例の制定（旧「委員会条例」、「会議規則」等の統合）　②議会議員の歳費及び費用弁償等に関する条例の一部改正　③福島町議会への参画を奨励する規則の制定（旧「傍聴規則」の全部改正）　④福島町議会事務局の組織に関する規則の一部改正　⑤福島町議会の運営に関する基準の一部改正　⑥議場における発言等に関する運用基準の一部改正
	4	・議会基本条例・関係条例等の施行（年度区分による通年議会含む）①採決態度の明確化（議長口述による特定化）②政策等の事業評価（試行）
	6	・議会報告会の開催
	10	・「総合開発計画」の基本目標と主要施策の議会提言（政策提言）
	12	・議会インターネット映像配信を開始（ライブ・オンデマンド）
22	3	・夜間議会を開催（第４回目）参画者２３人。昨年は１４人。
		・「福島町議会基本条例に関する諮問会議条例」を制定。

資料3　開かれた議会づくりの実践（平成22年度～平成25年度）

（1）取り組み内容
●平成22年度

月	取組みの概要
4	・「議会の評価」（21年度分の評価結果）を公表（第5回目） ・「議員の評価」（21年度分の評価結果）を公表（第5回目） 　定数12人中、8人が提出。また、議会活動の目標（公約）を8人が提出。 ・福島町議会基本条例諮問会議委員に公募2人、議員推薦2人、学識経験者1人の計5人に委嘱。 【諮問内容】 ①適正な議員定数（現行12人）の検討　　②適正な議員歳費（報酬）の検討 　　③「平成22年度　議会評価」の検討　　④議会基本条例全体の検討
7	・議会報告会の開催
12	・議会基本条例諮問会議から答申　「議員定数と議員歳費に関する答申」
2	・住民懇談会の開催（議員定数と議員歳費　2会場）
3	・夜間議会を開催（第5回目）参画者21人。昨年は23人

●平成23年度

月	取組みの概要
4	・福島町議会基本条例諮問会議に諮問 【諮問内容】 （1）意見を求める事項 ①福島町議会議員定数の改正について　②福島町議会議員の議員歳費の改正について （2）調査審議を求める事項 ①平成22年度議会評価の検討　　②議会基本条例全体の検討 ・「議会の評価」（22年度分の評価結果）を公表（第6回目） ・「議員の評価」（22年度分の評価結果）を公表（第6回目） 　定数12人中、6人が提出。また、議会活動の目標（公約）を10人が提出。
5	・「監査請求に関する決議」を可決（事務用品の購入手続きに関する事務） ・議会基本条例諮問会議から答申「議会議員定数及び議会議員歳費の改正について」
7	・「監査請求の監査結果報告書」の受理

8	・議員選挙の投開票日を平日に実施（16日、火曜日） ・選挙公報の発行（第3回目）19年に引き続き、第3回目の選挙公報を発行。
9	・改選による議会活動の目標（公約）を11人が提出。
11	・「町民と議会の懇談会」の開催（2日間4会場）〔議会報告会〕 ・議会基本諮問会議からの答申「議会基本条例全体の検討について」
12	・「事務用品の購入手続に関する事務処理に対する決議」を可決 ・「福島町議会基本条例見直し検討による行動計画書」を決定
2	・「町民と議員との懇談会」の開催（2日間4会場）〔議会報告会〕 ・議員勉強会の開催　「総合計画（条例）の研修」江藤俊昭山梨学院大学教授
3	・夜間議会を開催　参画者22人

●平成24年度

月	取　組　み　の　概　要
4	・議員研修報告会の開催（対象は議員のみ） 〔政務調査費〕 ①森町（渡島国際交流事業協同組合）　外国人研修生の受け入れ体制状況 ②厚沢部町　ちょっと暮らし推進事業
5	・福島町議会基本条例諮問会議に諮問 【諮問内容】 （1）調査審議を求める事項 ①議会費の標準率の検討 ②議会評価（平成23年度）の検討 （2）確認を求める事項 ①議会基本条例の見直し検討による行動計画の確認 ・議員研修会の開催　「なぜ総合計画条例が必要か」神原勝北海学園大学教授
6	・「議会の評価」（23年度分の評価結果）を公表（第7回目） ・「議員の評価」（23年度分の評価結果）を公表（第7回目）全議員（11人）が提出議会活動の目標（公約）も全議員が提出 ・「町民と議員との懇談会」の開催（2日間4会場）〔議会報告会〕
9	・本会議での議員間討議の実施 総合計画の変更に関する議案を対象に次の3点を論点として実施 ①総合計画の変更と補正予算が同時に提案される関係から変更方法に問題はないか ②早い時期に計画登載するときの事業費財源対策はどのように整理すべきか ③策定の手続きを含めた総合計画条例などは必要あるか

10	・議会基本諮問会議から「議会費の標準率について」の答申を受けた ・議員研修報告会の開催（議員のみ対象） 〔常任委員会行政視察〕 ①黒松町　ブナ北限の里総合移住対策事業 〔渡島西部四町議員協議会〕 ①むかわ町　町有林等の活用事業
11	・「町民と議員との懇談会」の開催（2日間4会場）〔議会報告会〕
2	・「町民と議員との懇談会」の開催（4日間6会場）〔議会報告会〕
3	・議員研修会（専門的知見活用研修） 社団法人　北海道栽培漁業振興公社　副会長理事　村山　茂 氏 テーマ：　北海道の栽培漁業の現状と課題 ・夜間議会を開催　参画者18人 ・佐藤卓也町長に対する問責決議を可決

●平成25年度

月	取　組　み　の　概　要
5	・福島町議会基本条例諮問会議に諮問 【諮問内容】 （1）調査審議を求める事項 ①適正な議員定数（現行11人）の検討 ②適正な議員歳費月額の検討 ③議会評価（平成24年度）の検討 （2）確認を求める事項 ①議会基本条例の見直し検討による行動計画の確認 ・「町民と議員との懇談会」の開催（2日間6会場）〔議会報告会〕
6	・「議会の評価」（24年度分の評価結果）を公表（第8回目） ・「議員の評価」（24年度分の評価結果）を公表（第8回目）全議員（11人）が提出議会活動の目標（公約）を10人が提出 ・「町民と議員との懇談会」の開催（2日間6会場）〔議会報告会〕 ・議員勉強会 定例会6月会議議案等の事前勉強 ・議員研修報告会 〔政務調査活動〕 ①栗山町総合計画の策定と運用に関する条例について ①栗山町　デマンドバスについて ・議員研修会（専門的知見活用研修） 置戸町　佐々木　十美 氏 テーマ　子どもたちの食を育てる

7	・「町民と議員との懇談会」の開催（2日間6会場）〔議会報告会〕
9	・議会基本諮問会議から「適正な議員定数及び適正な議員歳費月額の検討について」の答申を受けた ・議員勉強会 定例会9月会議議案等の事前勉強
11	・議員研修会報告会 〔経済福祉常任委員会〕 ①札幌市　木質バイオマスの利用について 〔渡島西部四町議員協議会〕 ①余市町　水産資源の増殖について（ニシンの増殖・磯焼け対策） ②当別町　少子化対策について（少子化対策戦略プラン） 〔政務調査活動〕 ①下川町　バイオマスタウン構想 ②西興部町　光通信網を利用した1CTによる行政サービス ③枝幸町　ナマコ加工状況（漁家視察）
12	・議員勉強会 定例会12月会議議案等の事前勉強
3	・議員勉強会 定例会3月会議執行方針等の事前勉強会 ・夜間議会開催　参画者43人 ・佐藤卓也町長に対する辞職勧告決議を可決

第２章 〈実践報告〉北海道・福島町議会

資料４ 「平成25年度 福島町議会・議員の評価（議会だよりから抜粋）」

議会の評価【平成25年度（１年間）の活動結果】

議会は、町民に議会・議員の活動内容を周知し、情報を共有することにより、議会活動の活性化を図るため、しっかりと現状を把握し議会の評価を行っています。

議会活動を主要10項目と具体的な36項目に区分し、議員・議会の活動状況の基礎資料と、全国・全道の町村議会の実態や先進的な運営をしている議会などと比較検討し、議会運営委員会（４月18日決定）が評価して町民に公表するものです。

昨年度との比較で良化した項目は、１項目でした。（系統議長会の体制整備、表の青文字）逆に、悪化した項目はありませんでした。

本年度も引き続き、「町民が実感できる政策を提言する議会」を目指し、評価結果・諮問会議の意見を参考にしながら新たな課題を設定し、豊かな福島町のために不断の努力を続けてまいります。

【 評価の分類：○＝「概ね一定の水準にある」 △＝「一部水準に達成していない」 ▲＝「取組みが必要」】

主要評価項目	具体的な項目	過去３年間の評価 H22	H23	H24	H25評価	摘　　　　　要
1.議会の活性度	①一般質問	△	△	△	△	昨年度に比べ延べ人数は２人、項目数では２件減少した。質問項目を参考に両常任委員会で１回調査した。実人数は７人。〔１会議の平均質問件数＝5.3件、渡島管内＝5.3件、全道＝4.7件、全国＝6.2件〕
	②質　疑	○	○	○	○	昨年度に比べ本会議及び予算・決算特別委員会とも質問率が増加した。〔本会議の質問率：定例80.0％、96.8％ 決算外4.4％〕〔平均質問数・件数：定例8.0人、96.8％ 定例外4.3人、21.2回〕
	③討　論	△	△	△	△	本年度は93件の議案のうち、討論が行われたのは２件でした。〔H24＝本会議２件 延べ２人、H25＝本会議２件 延べ２人〕
	④討　議	△	△	△	△	運営基準を改正し、本会議で討議を行うための内容を追加したが、実際に討議が行われた議案はない。常任委員会では論点を整理し討議を行っている。
	⑤議員提案	△	△	△	△	常任委員会で一般質問項目を参考にした調査への取り組みと調査結果を行政側に直接伝えることで議会の考えが政策等に反映されるようになった。条例提案への取り組みが課題。
	⑥文書質問	▲	△	△	△	質問者は１人減で項目は３件増加した。政策提案等に向けた文書質問の活用が課題。〔H24＝実人数３人、６項目、H25＝実人数２人、９項目〕
2.議会の公開度	①委員会の公開	○	○	○	○	本年度は100％公開。委員会のライブ中継を検討。
	②審議記録の公開	○	○	○	○	ホームページで全て公開。
	③審議前の会議資料の公開	○	○	○	○	ホームページの容量的制限を受けるもの（予算書など）以外は、基本的に全て公開。
	④議会経費の公開	○	○	○	○	決算内容を含め、交際費や政務活動費などの詳細も全て公開。
	⑤視察報告の公開	○	○	○	○	本会議及びホームページで公開。
	⑥全員協議会の公開	○	○	○	○	原則ライブ中継により公開。資料提供も実施。
	⑦会議公開の充実（ライブ中継）	○	○	○	○	光回線の開通によりライブ中継の画質が向上し、同時アクセスによる映像停止等の障害が改善された。全道＝53議会
3.議会の報告度	①議会だより・速報版等の発行	○	○	○	○	ページ数を増やし、内容（質疑内容、論点整理など）の充実を図った。速報版も適宜発行。全道＝単独発行119議会
	②議会ホームページの運用	○	○	○	○	議会単独HPを取得し、情報容量を拡大。充実したホームページの運用に向けCMSを検討中。全道単独HP＝６議会
4.住民参加度	①各種団体との懇談会の開催（常任委員会の活動）	○	○	○	△	教育委員会委員との懇談会を実施。〔懇談会：H24＝１回、H25＝１回、出前議会：H24＝１回〕
	②町民と議員との懇談会の開催	△	△	○	○	本年度は開催地区の生活単位として３団体制で実施した。〔H24＝13日間・22会場・185人 H25＝６日間・18会場・121人〕全道＝55議会
	③参画者への対応と参加度	○	○	○	○	参画者は昨年度とほぼ同じ。同様の資料を用意。討議への参画が課題。〔H24＝定例83人、平均20.8人 定例以外９人 平均1.1人〕〔H24＝定例82人、平均20.5人 定例以外９人 平均1.1人〕〔全道平均＝定例10.1人 定例以外0.7人〕
	④休日・夜間議会の開催	○	○	○	○	H19から夜間議会を開催。休日議会は未実施。〔H24＝１回18人、H25＝43人〕全道＝夜間７議会、休日８議会

福島町議会だより　18
－第101号　平成26年６月１日発行－

主要評価項目	要価目 具体的な項目	過去3年間の評価 H22	H23	H24	H25評価	摘要
5. 議会の民主度	①一般質問の一問一答方式	○	○	○	○	一問一答方式の実施（H12）。質問回数と時間制限の規定廃止（H20）。全道＝94議会
	②説明員との対面方式	○	○	○	○	庁舎建設時から実施（H6）。全道＝122議会
	③一般質問の答弁書配付	○	○	○	○	実施済み（H13.9）。質問に対する的確な（漏れや補足答弁を必要としない）通告書、答弁書となるように改善していくことが必要。
6. 議会の監視度	①長との適正な関係の維持	○	○	○	○	福島町議会議員の不当要求行為等を防止する条例を制定（H20）。町長との適正な緊張関係を維持している。
	②全員協議会の適切な運用	○	○	○	○	事前協議となる執行者からの要請による開催は基本的にしない。
	③議会権能（けん制・批判・監視等）の適切な遂行	○	○	○	○	町長の政治姿勢について、①誠実さに欠ける議会対応、②議会での審議経過を重んじない姿勢、③公約の実現に向けて全力で取り組まない政治姿勢、④リーダーシップ欠如・特別職等との連携不足の4点について主な事実を示し、このままでは行政の停滞からに続き、当町の未来に大きな禍根を残し、致命的な損失をあたえることとなるとして、自責の念を示そうとしない町長の姿勢をこのまま放置することは許されないことから、「辞職勧告決議」（H26.3月会議）を可決した。
7. 議会の専門度	①所管事務調査の充実強化	△	○	○	○	常任委員会の所管事務調査は論点・争点を整理し委員間で討議し意見をまとめている。調査意見を行政側に説明し手交することで委員会の意向が政策に反映されるようになった。［H25調査意見書 28件］
	②政策立案・審議能力の向上強化	△	○	○	○	上記①の中でH21.10月に議会が町長に提出した「総合計画に係る提言書」の主要な項目を検証し、政策立案に結び付くよう活動している。H25.12月に「第5次福島町総合計画策定に係る提言書」として83の課題項目を設定し、それぞれの解決に向けた方策等の考え方を示し町長に提出した。事務事業評価（H24決算）の実施。予算説明資料の充実（事業内容等を追加）により審議が活性化。懸案であった「総合計画の策定と運用に関する条例」・「公共施設維持保全計画」・「企業振興条例」の策定については、議会側の意向が大きく反映された。
	③議決権範囲の拡大	○	○	○	○	町の主要計画を議決対象としたことで、各計画が広く認識され内容の充実にも繋がった。上記①において議決した計画書の取り組み状況を調査した。
8. 事務局の充実度	①議場・委員会室の整備充実	○	○	○	○	委員会室にカメラを設置（H21）。H26から、常任委員会を議場で開催する予定。
	②事務局の充実強化	○	○	○	○	情報公開の迅速化、充実した情報・資料収集、法務能力の向上など、資質向上に期待。会議録反訳システムのモニター導入による検証作業中。体制は正職員3人、臨時1人で充実。
9. 適正な議会機能	①法規定以外の執行部付属機関への委員就任廃止	○	○	○	○	法定となっている、民生委員推薦委員会、都市計画審議会、青少年問題協議会のみ就任。
	②適正な議会経費	△	△	△	△	諮問会議の答申を踏まえ、適正な議会活動費の基準となる標準額を決定した。（標準額＝3,184千円・H25決算額＝2,613千円）
	③議会の自主性強化	○	○	○	○	「議会基本条例見直し検討による行動計画」に基づき課題に取り組んでいる。
	④議会附属機関の設置				○	本年度は「適正な議会定数（現行11人）の検討」、「適正な議員報酬の検討」、「議会評価（平成24年度）の検討」の調査審議と「議会基本条例の見直し検討による行動計画」の確認を求め、それぞれ答申を受けた。
	⑤系統議長会の体制整備	△	△	△	○	道議長会に対し、町村議会が利用しやすいホームページへの見直しを要望した。（資料提供、道内の町村議会のリンク等）
10. 研修活動の充実強化	①研修の効率的な取り組み	○	○	○	○	本年度から本会議及び常任委員会の事前勉強会を実施し、議案等の要点や問題点を確認した。［H24＝勉強会（常任委員会1回、本会議3回）、研修会1回］［H25＝勉強会（本会議4回）、研修会1回］

議会評価に対する 諮問会議の意見

去る5月14日(水)に開催された「議会基本条例諮問会議」において、平成25年度分の議会評価の内容等を検討していただきましたので、その概要をお知らせします。

1．議会の活性度（18ページの内容）
　③討論と④討議をそれぞれ本会議と常任委員会とし、整理した方がきちんと評価でき分かりやすいのではないか。
　また、一般質問に繋げるためにも文書質問を活用すべき。

2．住民参加度（18ページの内容）
　懇談会で出された意見の処理・反映の項目を設けてはどうか。

3．適正な議会機能（19ページの内容）
　②適正な議会経費において、きちんとテーマを決めた調査費的なものも必要ではないか。

19　福島町議会だより
－第101号　平成26年6月1日発行－

資料5

評価概要 「議員活動の自己評価」！
平成25年度分（平成25年4月～平成26年3月）

平成17年分の議会活動から始めた議員の自己評価は、今回で9回目となります。議員自己評価は、10名から提出がありました。右表のとおり5分野について具体的に取り組んだ事項を3段階で自己評価したものです。

集計の結果、「取組の評価」については、項目全体の149項目中、「○ほぼ満足」は71件で48％、「△努力が必要」は66件で44％、「▲さらに努力が必要」は12件で8％となりました。

次に、「結果の評価」については、項目全体の149項目中、「○ほぼ満足」は45件で30％、「△努力が必要」は65件で44％、「▲さらに努力が必要」は39件で26％となりました。

取組の評価では「○ほぼ満足」が48％であるが、結果の評価では30％と大きく差があります。このことから、今後も各議員の取り組みが今まで以上に結果として反映されるように努力する必要があります。

また、議員個人としての活動について、1名の議員から報告がありました。

□ 自己評価は次の指針により実施しています。

主要指針	評価の指針等
1．態度評価	町民の立場で発言・行動をしているか。議会での態度（居眠り、私語など）、審議の態度（品位の保持、審議への協力度）
2．監視評価	一般質問、討論、質疑・意見交換・討議（発言）などで行政執行をチェックしたか。
3．政策提言評価	町民の意向を政策に反映させるため、行政への一般質問、討論、質疑・意見交換・討議（発言）などで政策提言をしたか。
4．政策実現評価	一般質問、討論、質疑・意見交換・討議（発言）などで指摘した事項が改善されたか。また、政策提言した事項が実現したか。
5．自治活動・議会改革取組み評価	議会報告をしているか。地域活動に参加しているか。町づくりなどへの貢献度はどうか。町民ニーズの把握はどうか。

○議員別の評価集計

議員名	平沼昌平		佐藤孝男		滝川明子		花田勇		木村隆		藤山大	
項目	取組	結果	取組	結果	取組	結果	取組	結果	取組	結果	取組	結果
○ほぼ満足	8	3	2	2	8	6	4	0	11	10	9	3
△努力が必要	6	6	6	5	9	8	2	5	1	1	5	10
▲さらに努力が必要	0	5	1	2	3	6	0	1	1	2	0	1
計	14	14	9	9	20	20	6	6	13	13	14	14

議員名	川村明雄		熊野茂夫		平野隆雄		溝部幸基		合計	
項目	取組	結果	取組	結果	取組	結果	取組	結果	取組	結果
○ほぼ満足	14	9	10	8	3	2	2	2	71	45
△努力が必要	7	8	0	2	8	9	22	11	66	65
▲さらに努力が必要	0	4	0	0	1	1	6	17	12	39
計	21	21	10	10	12	12	30	30	149	149

〔分野別の評価種類は、次のとおり省略しています。「取組」＝取組の評価　「結果」＝結果の評価〕

○議員個人としての活動

	溝部幸基
報告会等の実施	4
議員だよりの発行	—
個人ホームページの開設	○
その他	—

●議員活動の目標（公約）

選挙公報による公約とともに、適正な議会・議員の役割を果たすために、前年の自己評価による反省点や課題などを翌年の議会・議員活動の目標（公約）として、平成19年から公表しています。
本年度は、10名の議員で総数142項目（昨年度：10名提出　140項目）となりました。

【個人票はP24・P25に掲載しています。】

「議員」の評価結果（個人票）

評価の分類： ○=「ほぼ満足」　△=「努力が必要」　▲=「さらに努力が必要」

評価期間：平成25年4月～平成26年3月

平沼 昌平 58歳
議会運営委員会委員長、経済福祉常任委員　　議員歴9年

分野	具体的な項目	取組	結果
行政	定住促進・雇用の場の創出に向けての提言	○	△
行政	町民視点での行政運営推進に対しての提言	○	▲
財政	健全な財政運営と効率的な事務事業の推進に対しての提言	△	△
経済	地場産業の保守と雇用の創出に向けた提言	△	△
経済	農林水産業に関する基盤整備と経営安定化への提言	○	△
経済	町内のインフラ整備と建設・土木事業の推進への提言	○	▲
経済	後継者育成と定住促進に向けての提言	○	▲

分野	具体的な項目	取組	結果
福祉	町民の予防医療の推進と健康福祉への提言	△	△
福祉	高齢者の生活環境整備とサポート体制への提言	△	△
教育	歴史・文化に対する町民意識向上と文化財の保護への提言	○	△
教育	生活習慣・基礎学力向上に向けた提言	○	▲
その他	水道事業の将来の方向性と対応についての提言	○	△
その他	松前半島高規格道路整備推進に向けた提言	○	△
その他	防災体制の施設整備と環境整備の在り方について提言	△	○

佐藤 孝男 64歳
総務教育常任委員、渡島西部広域事務組合議会議員　　議員歴19年

分野	具体的な項目	取組	結果
行政	防災対策の推進（冬季対策、全町あげて訓練）	△	▲
財政	将来に希望が持てる財政健全化の取り組み	△	△
経済	農業・林業・水産業の振興（鳥獣被害対策の取り組み、遊休農地活用の推進、ナマコ放流事業の推進〔試験場視察〕）	△	△
福祉	吉岡温泉の今後の対策（改修か新築か）	▲	▲
福祉	デマンドバスの再調査	△	△

分野	具体的な項目	取組	結果
教育	学校給食センター　地産地消の取り組み	○	○
その他	各種事業への参加	△	△
その他	町内会活動の参加	○	○
その他	プレミアム付商品券発行の継続	△	△

滝川 明子 72歳
総務教育常任委員、議会運営委員会副委員長　　議員歴23年

分野	具体的な項目	取組	結果
行政	防災の町づくり（戸別無線機の設置事業前倒しを〔常任委員会〕）	○	○
行政	男女共同参画の推進（役場庁舎内のハラスメント防止対策は〔一般質問〕）	△	△
行政	職員の接遇マナーの手引「さわやか応対ブック」を作成しては〔一般質問〕	△	△
行政	松前半島道路について〔一般質問〕	△	△
行政	女性模擬議会について〔一般質問〕	△	△
行政	佐藤町長の辞職報告決議に反対討論	○	○
財政	住宅リフォームの助成金	▲	▲
経済	若者雇用の場づくりを中心に定住推進の推進（企業振興条例に賛成討論）	▲	▲
福祉	特養ホームの増床	▲	▲
福祉	介護保険の適用改善	▲	▲
福祉	ゆとらぎ館の建替、コンパクト、シンプルに建替を〔常任委員会〕	▲	▲
福祉	こころのホットラインの開設〔一般質問〕	△	△
福祉	宅配電話帳の作成〔一般質問〕	○	○

分野	具体的な項目	取組	結果
教育	学校給食を中心に食育推進、食育授業の一つとしてバイキング給食継続を〔予算審査特別委員会〕	○	○
教育	高校存続対策推進　児童生徒と保護者に手紙や訪問など積極的な働きかけを〔予算審査特別委員会〕	△	△
教育	生涯教育、社会教育の充実　DV対策は〔一般質問〕	△	△
教育	敬老会の記念品について〔予算審査特別委員会〕	○	○
教育	いじめ、体罰防止条例の検討を〔一般質問〕	△	△
その他	議会基本条例に基づく活動の推進（活発な討議、討論）	○	○
その他	生活相談活動	○	○

第２章 〈実践報告〉北海道・福島町議会

花田　勇　73歳　| 経済福祉常任委員、議会運営委員　議員歴3年 |

分野	具体的な項目	取組	結果
行政	議会と行政側との意志の疎通が取れるような活動をして行きたい。又、町民の皆さんには一人でも多く傍聴してほしい。	△	▲
財政	今後は予算の必要な大きな事業が数多く有るのでムダのない財政運営をして行かなければならない。そのためにも厳しいチェックが必要と思う。	○	△
経済	ちょっと暮らし事業について受け入れる体制作り等が必要。又、町の各施設等の老朽化による建替えや耐震問題など数多く問題があります。	○	△

分野	具体的な項目	取組	結果
福祉	介護保険の財務内容の立てなおしが大事。温泉施設の改修か建替えの問題をテーマに取り組んで行きたい。	○	△
教育	最近、道徳教育が叫ばれています。学校教育や家庭教育においても道徳教育は大切と考えている。それがいじめを無くする事になると思う。	△	△
その他	一次産業で有るナマコ養殖、又、ソバ、ブルーベリー等に対する生産者の育成に力を入れたい。	○	△

木村　隆　34歳　| 経済福祉常任委員長、渡島西部広域事務組合議会議員　議員歴7年 |

分野	具体的な項目	取組	結果
行政	光ケーブル敷設に伴う利活用の明確化	○	○
行政	空き家管理・解体の方策を検討	▲	▲
行政	総合計画条例の明確化	○	○
経済	延期されたちょっと暮らしの必要性を含む、新幹線開通に向けた観光	○	○
経済	森林の利活用調査（バイオマスなど）	○	○
経済	養殖事業の展開調査	△	▲

分野	具体的な項目	取組	結果
福祉	継続利用調査となったデマンドバスの必要性の明確化	○	○
福祉	吉岡温泉の修繕か建て替えかの方向性検討	○	○
教育	社会体育事業の協力と推進	○	○
その他	青年部活動をはじめとする地域活動	○	○
その他	渡島西部広域事務組合のチェック	○	○
その他	問責決議後、佐藤町政への意識変化のチェック	○	○
その他	自民党政権下における近隣町議員と連携した中央とのパイプ作り	○	○

藤山　大　39歳　| 経済福祉常任委員　議員歴5年 |

分野	具体的な項目	取組	結果
行政	住民（町民）からの要望を政策提案	○	△
行政	安心安全な町を目指しての防災対策	○	○
行政	笑顔での行政対応	△	△
財政	町内景気の活性化と行政サイドのスピーディーな対応	○	△
財政	財政健全化への取り組み	○	○
経済	町が誇れる特産品アピール（するめ、昆布、しいたけ、古代米、味来、ブルーベリー、ナマコほか）	○	▲
経済	観光活用による町内経済の活性化（千軒岳、横綱ビーチ、両記念館、温泉ほか）	△	△

分野	具体的な項目	取組	結果
福祉	予防医療の推進	△	△
福祉	独居の方々との地域コミュニティ	△	△
教育	高校存続への努力	○	○
教育	部活動の強化、指導、支援	○	○
教育	ボランティア活動の参加	○	○
その他	伝統行事の存続と支援と参加（松前神楽、荒馬、四ヶ敷水氣、奴、七福神ほか）	○	▲
その他	未来を担う子供達の支援と指導	△	△

川村　明雄　68歳　| 総務教育常任委員会副委員長、議会運営委員、監査委員　議員歴6年 |

分野	具体的な項目	取組	結果
行政	定住及び少子化対策への政策提言	○	○
行政	防災計画の論議、提唱	○	○
財政	原子力発電からクリーンエネルギーへの意識改革とその推進	△	▲
財政	過疎地域自立促進計画に基づく着実な推進	○	○
財政	各施設の利用者増加考察と収入維持対策への提言	△	△
経済	ナマコ等特産品の生産と施策	○	○
経済	「福島町ブランド」の考察展開と人材対応	○	○
経済	空き家の利活用対策の推進	○	○
福祉	子育て支援問題への対策	○	○
福祉	高齢者に住みやすいまちへの変革推進	△	▲
福祉	若者等への国民年金関心度の高揚	○	△

分野	具体的な項目	取組	結果
教育	生涯学習及び人材育成推進対策	○	○
教育	福島高校存続対策の強化推進	○	○
その他	議会基本条例及びまちづくり基本条例に基づく活動と推進	○	○
その他	町内会活動及び団体活動への参画理解	○	○
その他	文化20参画、ボランティア活動の実践	○	○
その他	町民生活相談等への対応	○	○
その他	町内の美化及び環境問題の考察	○	▲
その他	付加価値の高い一品の創設及び地産地消思考	○	○
その他	未来の魅力あるまちづくりの提言、議論等	○	○
その他	各種研修会、講習会への参加	○	○

福島町議会だより　22
- 第101号　平成26年6月1日発行 -

熊野 茂夫 64歳 　総務教育常任委員長、議会運営委員　　議員歴3年

分野	具体的な項目	評価 取組	評価 結果
行政	「総合計画条例」の制定の推進	○	○
行政	各公共施設の整備・改修と再編の提言	○	○
行政	「総合防災計画」制定の推進と諸提言	○	○
財政	財政健全化の取組み（将来を見据えた予算の編成及び決算審査）	○	○
経済	水産業、農林業、商工業への提言（農・漁組等、各公共団体への行政の諸支援策等）	○	○

分野	具体的な項目	評価 取組	評価 結果
福祉	高齢者が利用しやすい公共施設の改修への提言	○	△
福祉	介護保険とその健全な財政運営への諸提言	○	△
教育	教育環境の再編と充実	○	○
教育	小・中学生の基礎学力向上への提言	○	○
その他	生活環境の改善への提言	○	○

平野 隆雄 65歳 　副議長、総務教育常任委員、経済福祉常任委員、広報・広聴常任委員長、渡島廃棄物処理広域連合議会議員　　議員歴19年

分野	具体的な項目	評価 取組	評価 結果
行政	町内景気の活性化・町基盤産業の推進について	△	▲
行政	自然環境保全・汚染防止対策の推進について	△	△
財政	各施設の利用促進と円滑な管理運営について	△	△
財政	福島川改修工事の推進について	○	○
経済	温泉施設の円滑な運営管理について	△	△
経済	町有生産物のブランド化の推進について	▲	▲
経済	町有林や森林林業事業の推進について	△	△

分野	具体的な項目	評価 取組	評価 結果
福祉	介護保険・在宅看護支援体制の整備促進	○	○
教育	少子化の中の教育行政の見直しと計画について	△	△
教育	社会教育生涯教育への専門的指導者の配置について	△	△
教育	食育における地産地消について	○	○
その他	学校における武道（相撲）の推進について	○	○

溝部 幸基 66歳 　議長、総務教育常任委員、渡島西部広域事務組合議会議長、渡島廃棄物処理広域連合議会議員　　議員歴34年

分野	具体的な項目	評価 取組	評価 結果
行政	「両基本条例」の目的達成に向けた活動推進（総合計画条例に関する研修）	△	△
行政	行政情報の公開・共有の積極的推進	△	▲
行政	広域行政の連携推進	△	△
行政	行政サービスの効率的な運営への提言（外部委託・時間差出勤等）	△	△
行政	防災対策の提言（災害弱者・訓練・冬季対策等：危機管理に関する研修）	△	△
行政	浄化槽（下水道整備）の普及推進	▲	▲
財政	財政健全化への取り組み（予算・決算審査・行政評価充実：基金有効活用）	△	△
財政	公共施設に関する研修（公共施設維持保全計画）	△	△
財政	退職手当制度の抜本的改善	△	△
経済	新しい仕事の創出（起業）に挑戦できる支援システムの創設	△	▲
経済	異業種連携による「福島ブランド」の開発	△	▲
経済	インターネット販売（地場産品）の推進（町HPの積極的活用等）	△	▲
経済	地球温暖化対策の提言（リサイクル事業・生ごみ堆肥化・森林整備等）	△	▲
福祉	「健康な町づくり」（全町的な取り組み）で医療費の節減	△	△
福祉	予防医療の推進	△	△
福祉	在宅介護支援体制の整備	△	▲

分野	具体的な項目	評価 取組	評価 結果
教育	広範な分野（産業・福祉・生涯学習等）の人材育成基金創設	△	▲
教育	子どもや高齢者が積極的に参加する幅広い生涯学習の推進	▲	▲
教育	「子育て基本条例」制度に向けた取組み（情報収集・研修）	▲	▲
教育	「自分（達）ですべき事は自分（達）でする」主体性をもった自治活動の推進	▲	▲
教育	学校給食で食育・地産地消の推進（「食育基本計画」制定→情報収集・研修）	△	△
教育	わかりやすく、町民が参加出来る議会の実現（議会基本条例の周知）	△	△
教育	活発な討議（討論）ができる議会の実現	△	△
教育	政策的な提案のできる議会の実現	△	△
教育	町議会議員選挙への供託金制度導入	▲	▲
その他	インターネット映像配信システムの充実（光回線の整備）	△	△
その他	幅広い情報収集、積極的な研修参加	△	△
その他	視察の積極的な受け入れ（北本市・泉南市・鴨川市・津山市・多治見市・美里町・野辺地町他 計15団体93名：6市8町村1大学）	○	○
その他	ホームページの充実（提案、情報発信、参加型）	△	△
その他	各種行事、研修への積極的な参加（活動日数244日）	○	○

23　福島町議会だより
− 第101号　平成26年6月1日発行 −

100

第2章 〈実践報告〉北海道・福島町議会

資料6

議員活動の目標（公約）（個人票）
目標期間：平成26年4月～平成27年3月

平沼 昌平

分野	具体的な目標項目
行 政	雇用の場の創出に向けての提言
	町民視点での行政運営推進に対しての提言
財 政	健全な財政運営と効率的な事務事業の推進に対しての提言
経 済	後継者育成と定住促進に向けての提言
	農林水産業に関する基盤整備と経営安定化への提言
	町内のインフラ整備と建設・土木事業の推進への提言
福 祉	高齢者の生活環境整備とサポート体制への提言
	高齢者福祉の充実と将来的施設整備に向けた提言
教 育	歴史・文化に対する町民意識向上と文化財の保護への提言
	生活習慣・基礎学力向上に向けての提言
その他	水道事業の将来的方向性と対応についての提言
	松前半島高規格道路整備推進に向けた提言
	防災体制の施設整備と環境整備の在り方について提言
	旧吉岡小学校周辺公共施設跡地利用計画に対する取組と提言

滝川 明子

分野	具体的な目標項目
行 政	防災の町づくりへ推進
	男女協同参画の推進
財 政	住宅リフォーム助成を
経 済	若者雇用の場づくりを中心に定住対策の推進
	特養ホームの増床
福 祉	介護保険制度の適用改善
	ゆとらぎ館の建替を
教 育	食育推進
	高校存続対策推進
	生涯教育・社会教育の充実
その他	議会基本条例に基づく活動の推進（活発な計議、討論）
	生活相談活動

木村 隆

分野	具体的な目標項目
行 政	第5次福島町総合計画事業計画への提言とそれに伴う、佐藤町政の町づくりの方向性の明確化
	平成25年度決算認定の対応（問責決議可決した佐藤町政の行政運営への扱い）
	防災無線の利用についての提言
	不可解な道の駅構想の更なる明確化
経 済	企業誘致の方向性の明確化
	旧吉岡小学校跡地利用問題の対応
福 祉	不可解な吉岡温泉の方向性の明確化
	試験運行が終わったデマンドバスの本運行に向けた検討
	町民プール利用料問題の明確化
教 育	助成金政策（屋根の雪下ろし、企業振興条例など）の町民利用を図るための個人的なPR活動
	渡島西部広域議員としての議会対応や議員活動（小型家電リサイクル問題など）
	不可解な佐藤町政運営のチェックの強化
	青年部活動を始めとした所属団体の活動協力
教 育	昨年以上の自民党政権下におけるパイプ作り

佐藤 孝男

分野	具体的な目標項目
行 政	防災対策の推進（備蓄庫の建設）
	全町防災訓練の実施
財 政	健全な財政運営の各事業へのチェック強化
経 済	農業、林業、水産業の推進（鳥獣被害対策の強化・遊休農地の推進・ナマコ放流事業の継続・作業道の推進）
福 祉	予防医療の推進
	ゴミ不法投棄防止提言
教 育	学校給食センターへの地産地消の強化
	体験学習（食育）、福小・吉小 田植え等実施
その他	町内会活動への参画

花田 勇

分野	具体的な目標項目
行 政	行政・議会、町民との一体感がなかなか取れていないと思っており、三位一体になれるよう努力したい。
財 政	平成27年度から始まる第5次福島町総合計画には町施設の改修等大きな問題をかかえており財政規律を守り、無駄が無い財政運営に努力する。
経 済	一次産業や観光開発に対して努力していきたいが、それに対する支援を受ける事業者が真剣に受け入れ、実行してくれることに取り組みたい。
福 祉	高齢化の進む中で介護支援者が多くなって来ます。今後も介護保険の財務が厳しいと思うので、財務内容をどうするのかがテーマ
教 育	学力向上のため、どう有るべきかと考えて、教育委員会（教育長を含め）学校側と、又、父兄と話し合いを多く持って努力すべきと思います。
その他	町民は議会（議員）に対して、福島を良くしてくれとよく言いますが、町民側も自分達の町を活性化するために行政・議会と一緒になって努力すべきと考えて、努力します。

藤山 大

分野	具体的な目標項目
行 政	住民（町民）からの要望を政策提案
	安心安全な町を目指しての防災対策
	笑顔での行政対応
財 政	財政健全化への取り組み
	町内景観の活性化とイベントサイドのスピーディーな対応
経 済	町が誇れる特産品アピール（するめ、昆布、しいたけ、古代米、味来、ブルーベリー、ナマコほか）
	観光活用による町内経済の活性化（千軒岳、横綱ビーチ、両記念館、温泉、岩部海岸ほか）
	道の駅構想の今後のあり方と前向きな取り組み
福 祉	独居口の方々との地域コミュニティ
	予防医療の推進
	新婚補助条例の制定への取り組み
教 育	高校存続への努力
	部活動の強化、指導、支援
その他	ボランティア活動の参加
	伝統行事の保存と支援と参加（松前神楽、荒馬、四ヶ散米、奴、七福神ほか）
	未来を担う子供達の支援と指導

川村明雄

分野	具体的な目標項目
行政	定住及び少子化対策への政策提言
	新計画施設等への財政、町興し等あらゆる面からの論議、提唱
財政	ふるさと応援基金や財政調整基金の有効活用の推進
	各施設の利用増加考察と収入維持対策への提言
経済	空き家の利活用や処理対策の推進
	「福島町ブランド」の考察展開と人材対応
福祉	少子化への対策と子育て支援問題への提言
	高齢者に住みやすいまちへの政策推進
教育	生涯学習及び人材育成推進対策
	福島高校存続対策の強化推進
その他	議会基本条例及びまちづくり基本条例に基づく活動と展開
	町内会活動及び団体活動への参画理解
	文化活動への参画、ボランティア活動の実践
	町民生活相談等への対応
	町内の美化及び環境問題の考察
	付加価値の高い一品の創設及び地産地消思考
	未来の魅力あるまちづくりへの提言、議論等
	各種研修会、講習会への参加

熊野茂夫

分野	具体的な目標項目
行政	「総合計画条例」への推進・提言
	各公共施設の整備・改修への提言
	「総合防災計画」制定の推進と諸提言
財政	財政健全化の取組み（将来を見据えた予算編成への提言）
経済	水産業、農林業、商工業の振興のための諸提言
福祉	高齢者が利用しやすい公共施設の改修への提言
	介護保険とその健全な財政運営への諸提言
	国民健康保険会計とその健全な財政運営への諸提言
教育	教育環境の再編と充実のための諸提言
	小・中学生の基礎学力向上への提言
その他	生活環境の改善への提言

平野隆雄

分野	具体的な目標項目
行政	町基盤産業の支援・町内景気の活性化
	自然環境保全・汚染防止対策
財政	福島川改修事業の推進
	町施設の利用促進・円滑な管理運営
経済	町内特産物のブランド化の促進
	町内起業家の育成、支援対策
福祉	健康な町づくりの推進・医療費助成
教育	給食を通した食育と地産地消促進
	少子化の中の教育行政の見直し
	生涯学習の専門指導者の配置
その他	学校における相撲の推進
	吉岡温泉の円滑な管理運営
	横綱ビーチの利用促進

溝部幸基

分野	具体的な目標項目
行政	「両基本条例」の目的達成に向けた活動推進（総合計画に関する提言・検証）
	行政情報の公開・共有の積極的推進
	広域行政の連携推進
	行政サービスの効率的な運営への提言（外部委託・時間差出勤・研修等）
	防災対策の提言（災害図書・夏季・冬季対策等：危機管理に関する研修）
	浄化槽（下水道整備）の普及推進
財政	財政健全化への取り組み（予算・決算審査・行政評価充実：基金の有効活用）
	公共施設白書に関する研修・退職手当制度の抜本的改善
経済	新しい仕事の創出（起業）に挑戦できる支援システムの創設
	異業種連携による「福島ブランド」の開発
	インターネット販売（地場産品）の推進（町HPの積極的活用等）
	地球温暖化対策の提言（リサイクル事業・生ごみ堆肥化・森林整備等）
福祉	「健康な町づくり」（全町的な取り組み）で医療費の節減
	予防医療の推進
	在宅介護支援体制の整備
教育	広範な分野（産業・福祉・生涯学習等）の人材育成基金創設
	子どもや高齢者が積極的に参加する幅広い生涯学習の推進
	「子育て基本条例」制定に向けた取組み（情報収集・研修）
	「自分（達）ですべき事は自分（達）でする」主体性をもった自治活動の推進
	食育・地産地消の推進（「食育基本計画」制定→情報収集・実践計画・研修）
その他	わかりやすく、町民が参加出来る議会の実現（議会基本条例の周知）
	活発な討議（討論）ができる議会の実現
	政策的な提案のできる議会の実現
	町議会議員選挙への供託金制度導入
	インターネット映像配信システムの充実（光回線の整備）
	幅広い情報収集、積極的な研修参加
	視察の積極的な受け入れ
	ホームページの充実（提案、情報発信、参加型）
	各種行事、研修への積極的な参加

質疑応答

議員活動の評価後の取り組み方？

○参加者Ａ　議員活動の評価を受けて、個人だけが判断するのか、議会としてもいろいろな評価された点について会議を開いて前向きに取り組むとか、どのようにして次のステップに生かしているのでしょうか。

○石堂　資料４の「議会だより」、18頁（本著95頁）にありますが、これが議会の評価です。表の右側にある「摘要」に書いているとおり、いろいろな課題なり反省点なりが出てきますので、それをそれぞれ各議員に周知しまして解決に向けて進めているというのが議会のほうです。

　議員の自己評価のほうにつきましては、それは議員個人の部分ですから、他の議員のところを見て「ウソじゃないか」とか「えっ」というところもあるかもしれませんが、次の目標に向かっての課題なり、そういう部分で役立ててもらいたいという考え方です。

基本条例と他の条例の関係は？

○参加者Ｂ　資料１（本著84頁）の議会基本条例の下にあるいろいろな条例は、基本条例を基にしてこういう条例を作ったということで理解してよろしいですか。

○石堂　私どもは町村ですけど市議会も条例等については基本的に同じだと

思いますが、一番右側にある「議会基本条例に関する諮問会議条例」などは独自に制定したものです。次の「議会会議条例」はちょっと見慣れないと思います。これは地方自治法で規定している「会議規則」と「委員会条例」をひとつにしたもので「議会会議条例」としています。

議員個人評価はスムーズにいってるか？

○**参加者C**　議会評価というのは全体の意見でいろいろできやすいかなとは思いますが、議員個人評価というのはとても難しいのではないかという感じがします。自分では何点とつけられても、よそから見てそんなことはないだろうとか、いろいろあるのではないかと思いますが、その辺のところはスムーズにいきますでしょうか。

○**石堂**　1年間の活動を振り返り自己評価を点数でなく、「ほぼ満足」「努力が必要」「さらに努力が必要」の3段階でやるわけですので、議会基本条例の理念や規定からして当然ではないでしょうか。評価がちょっと甘い人もいますし、厳しい人もいるでしょうけど、それがまた次に向かって進めるための1つの素材になるのではないかというぐらいでよろしいのではないでしょうか。その点では今日出席のオンブズ栃木の宮沢さんはもっと厳しいと思います。私ども議会の議員が自己評価する部分では、この程度で良かったと思います。それでもこの制度を始めたときには任意提出ということもあり4人ぐらい提出していなかった議員さんがいましたが、議会基本条例では義務化しています。

議会評価をはじめたキッカケは？

○参加者D　平成17年に最初に議会の評価を始められたようですが、これを始めたきっかけがあれば教えていただきたいと思います。毎年やるようになったのは平成19年からで、この19年の欄を見ると議会の評価と議員の評価があります。17年は議員の評価はなかったのでしょうか。そうでしたら、追加したきっかけも教えていただきたいと思います。

○石堂　平成17年1月に「議会の評価」、2月に「議員の評価」を導入し、その後毎年実施しています。きっかけは、「議会・議員評価の意義」などの資料にもあるとおり、地方分権の推進により、二元代表制の中でより一層地方議会の自主性強化が求められているが、その内容は法令や会議規則などの制度的なものにとどまらず、議員個々の資質向上や議会の審議内容の充実などの運営面についても、多岐・多様にわたり見直しをする必要があります。

　しかし、どうしてもこれまでの慣例などが障壁になって、少なからず従前どおり進めているのが実態です。このようなことから、議会を客観的に評価するにはどうしたらよいのかを議会運営委員会を中心に検討した結果、「開かれた議会」をめざす会の宮沢栃木県矢板市議、新潟県湯沢町の高橋議員や「仙台市商工会議所」の取組みなどを参考にし、「町民に議会の状況をより知っていただく」、「一年間の議員活動を振り返り、反省したうえで次のステップにつなぐ」、「真の町民代表としての資質向上を図り、議員としての責務を果たす」一助とするためです。

「個人評価」項目の設定方法は？

○参加者E　議員の個人の評価のほうですけど、その評価する項目の設定の方法ですが、個人で自己の目標として項目を設定すると思いますが、そこ

のやり方は完全に個人に任せるものなのか、それとも何らか公約とのリンクを求めるものなのでしょうか。

　もう1つは、議員個人としての活動がございますね。これは議会の取り組みとしての評価の中に含めていいものなのかなということを私は少し疑問を感じるところです。これを「議会だより」の中で取り上げる意味についてもお伺いしたいと思います。

○**石堂**　項目の設定は議員個人の設定です。任期の最初は選挙時の公約も入っているでしょうが、毎年目標設定をするので項目が増えたり減ったりするのは当然と思います。項目の制約はないということです。もう一点は、議会の活動と議員の活動をどこで仕切りをするのかは大変難しいところですが、私は基本的に議員活動のまとまりが議会活動だと思っています。最初にお話ししたように、小規模の議会と市議会以上の大規模な議会のさまざまな運用で違いがあります。

　例えば一般質問なども、一議員の権限で一般質問をする。そうしたら、その一般質問は一議員だけで終わらせていいのかと思いませんか、それが大事な視点の一般質問なら、例えば委員会なり、もっと言えば議会全体で、その問題を執行部と善政競争ができるような土俵を持つことも必要になりますよね。ですから議員個人の活動を公の「議会だより」に出さないというふうにはならないと思います。

　もっと言うと、通年議会ではどこの議会もそうだと思いますが、議員さんは常に議員活動をやっているのか、議員活動とは何なのか。自分の有権者に出かけるのはすべて「選挙活動」なのか、私は一般的に議員活動してとらえていますので議会広報で出して当然だろうという考えでやっています。

議員活動目標の期間は？

○**参加者F**　議員活動の目標がございますよね。それは毎年4月に目標を出して、そしてその1年が終わったら自分で評価していくということですね。その目標は4年間ずっと続いているのでしょうか、1年で変わるのか、その辺のところをお伺いしたいです。

○**石堂**　それはそれぞれあると思います。間違いなく4年間ずっと続いている方もいますし、増えている方もいますし、減っている方もいますし、分野が変わっていくこともあります。その辺は制限していません。

　新人の方はもちろん評価はないですが、議員になったら目標から出してもらいます。

　人口が5,000人を切った、11人の議員の議会の進め方ということで、皆さんの参考になったかどうかわかりませんが、よろしくお願いしたいと思います。

（石堂　一志）

第3章

〈実践報告〉 北海道・芽室町議会

自治体・議会の紹介

(1) 北海道・芽室町の紹介

　芽室町は、北海道の東、十勝平野のほぼ中央に位置し、秀麗な日高山脈を背に、帯広市、音更町、鹿追町、清水町、日高町に隣接しています。豊かな自然環境と都市空間が広がり、513.76平方キロメートルの面積を有し、人口は十勝圏からの流入、宅地開発などが要因となって順調に増加し、北海全道の市町村では3番目に高い人口伸び率を示し、年少人口が16.3％と全道では2番目に高く子どもが多い町です。
　第4期芽室町総合計画の将来像として「みどりの中で子どもにやさしく思いやりと活力に満ちた協働のまち」を掲げ、全ての町民が快適な生活を営み、誇りを持って暮らし続けることができるまちづくりを目指しています。

- ●人口…平成27年4月1日現住人口19,068人、
  　　　（高齢化率は25.0％）、世帯数は7,801世帯。
- ●町域面積…513.76k㎡。
- ●財政状況…平成27年度当初一般会計予算10,960,000千円。
  　　　　　財政力指数0.413（平成26年度決算）。
- ●産業別人口…第1次産業2,326人、第2次産業1,591人、
  　　　　　　第3次産業5,189人、分類不能330人、合計9,436人
  　　　　　　（平成22年国勢調査）
- ●特産品…スイートコーン、てん菜（ビート）・小豆、馬鈴しょ・小麦などの農産物生産高は国内上位を占め、関連する食品加工などの製造業を中心とした第2次産業と製品輸送の運輸業などの第3次産業が連関し、発展を続けています。

(2) 北海道・芽室町議会の紹介

- ●**議員定数**…16人、平成28年4月1日現在の現員数16人（男性13人、女性3人）。
- ●**年齢別議員構成**…30代1人、40代3人、50代6人、60代4人、70代2人、平均57.3歳。
- ●**常任委員会**…2常任委員会と2特別委員会（総務経済、厚生文教、役場庁舎建設特別、予算決算特別）
- ●**会派制**…なし
- ●**地方自治法第96条第2項の議決事件の拡大**…
  ①芽室町総合計画に係る基本構想及び実施計画
  ②定住自立圏形成協定の締結・変更及び同協定の廃止を求める旨の通告
  ③芽室町庁舎建設基本計画
  ④芽室町都市計画マスタープラン
  ⑤役場庁舎建設基本計画
- ●**議員提案条例（政策条例）**…平成21年に芽室町ふるさと応援寄附条例を提案。可決。
  …平成28年に芽室町消防団条例を提案。可決。
- ●**議会基本条例の制定**…平成25年3月定例会において全会一致で可決。全9章30条。
- ●**投票率**…町長選挙～平成26年7月（無投票）、平成22年7月（71.15％）
  町議会議員一般選挙～平成27年4月（67.10％）、平成19年4月（72.78％）
- ●**議会事務局職員数**…定数3人、平成28年4月1日現在の現員3人（局長含む）。

北海度・芽室町議会報告内容から

(1) はじめに

　芽室町議会では、2000年から議会活性化計画を策定し、着実に議会改革を積み上げてきました。2012年には、「住民に開かれ、分かりやすく、活動する議会」をスローガンに掲げ、議会基本条例の制定を基にしながら、議会運営全体の改革を急ピッチで進めています。最近は、改革スピードが著しいということで、全国的にも少しずつ知られる存在となっているようです。

　しかしながら、本町議会の改革・活性化はまだまだ道半ばです。一番の課題は、議会改革・活性化が「町民に理解されていない」ということです。どれほど議会改革を進めたとしても、町民との意見交換を踏まえると、活動が理解されていないことに気付かされます。これは議会の永遠の課題だとは思いますが、それに向かって一歩ずつ進めていくしか方法はありません。

　芽室町議会の4年間の議会改革・活性化策は19に上ります（資料1参照）。本町議会は、16人の議会議員とそれを支える3人の議会事務局職員と臨時書記1名のみの少人数での運営ですので、様々な機関や住民と連携していくしか術はありません。そこで、議会改革諮問会議、議会モニターなどにより町民との連携を、さらに、議会サポーター、町村議会議長会、北海道大学公共政策大学院などの各外部機関と連携しながら様々な改革・活性化策を進めることにしたのです。

私個人の懸念は、この20年間で議員選挙の投票率が約20％低下している点です。首長選挙の投票率も同じくらい低下しています。田舎の町ですから、以前はどちらも90％以上の投票率を示していましたが、信じられないほどの低下です。議会改革・活性化もここをポイントにしています。議会改革を進めることで、「議会が町民の信頼を取り戻すことはできないか」と、この4月に挙行される統一地方選挙で、投票率が少しでも上がらないものかと微かな期待をしているところです。

　4年前に、議長の理念を徹底的に聞き出しました。「何を目指し、どこを到達点とするか」ということです。事務局は議長理念を具現化することが使命であることから、柱立てをともに考えました。

(2) 議会改革の到達点

　本町の議会改革・活性化の取組の特徴は大きく4点あります。

　特徴の1点目として、議会活性化計画の策定が挙げられます。2000年度から議会活性化計画を策定していましたが、2013年度の議会基本条例制定を機に仕立てを変えました。この計画こそが、本町議会の改革・活性化のエンジンとなっています。4年間に進めた19項目の改革・活性化策は、全て議会活性化計画に位置づけて、解決に向けて実行しましたが、評価を含めた議会運営のPDCAサイクルを定着させることは大変苦心しました。この計画書は150頁に及びますが、全文を議会ホームページで公表しています。

　議会改革を進める前提で、4年間という限られた期間中の議会改革・活性化の取組方針を議員間で共有する必要がありました。議会改革・活性化の起点をどうするか、前期2年間と後期2年間で何をどこまで実践するかについて、議員間で共有しながら進めてきました（資料2参照）。まずは、最も基本となる「議

資料1　芽室町議会の改革・活性化 20 策

【住民に開かれ、分かりやすく

H27の議会改革・活性化強化策
① 政策型議会移行
② 議員間討議(自由討議)推進
③ 調査・附属機関の設置検討
④ 議員倫理の確立
⑤ 議会図書室機能の整備
⑥ 議会ICTの推進
⑦ 議会BCPの策定

議会改革・活性化策(H23 ― H27)
① 議会基本条例の制定(H25.4.1)
② 通年議会制(通年の会期制)への移行(H25.5.1)
③ 議会だよりの通年発行(H25.4.12)
④ 議会報告と町民との意見交換会Ⅱ(議会フォーラム)の開催(H24)
⑤ 全会議(全員協議会・委員会含)のインターネット中継・録画配信(H25.8.1)
⑥ 議会モニターの設置(H24.4.1)
⑦ 議会改革諮問会議の設置(H25.6.3)
⑧ 議員研修計画の策定と予算化(H24.4.1)
⑨ 議会サポーターの設置(H24.4.1)
⑩ 北海道大学公共政策大学院との包括連携(H24.6.6)
⑪ 政策形成サイクル導入(政策討論会・町長提言)(H26.10)
⑫ 議会ICT計画
facebook(H25.5.28)、LINE(H26.7.14)、Twitter(H26.8.16)
⑬ 議会白書の作成・公表(H25)
⑭ 自治基本条例、議会基本条例、議員倫理条例の議員自己評価(H26.5)
⑮ 予算決算常任委員会の設置協議(H26.8)
⑯ 議会BCPの協議(H26.8)
⑰ 子ども議会の検討(H26.9)・議会見学会実施
⑱ 各委員会ミーティング(戦略会議)の実(H26.8)
⑲ 審議会委員の就任全廃検討(H26.12)
⑳ 政策提言を決議(H27.3)

横型ネットワ
①議会活性化計画(H12〜
③議会ICT計画(H26〜)

議会サポーター

議長会

東京財団

・議員16人・平均 2.7期
・1期目6人 (37.5%)・
・農業5、建設1、サー
団体1、政党2・議員

本会議等開催回
定例会議17日、臨
予算・決算審査
委員会・開
①総務常任委員会(5.
②厚生常任委員会(5.
③経済常任委員会(5.
④議会運営委員会(7.
⑤庁舎建設に関する
⑥不正会計処理に関
人)-3回

第3章 〈実践報告〉北海道・芽室町議会

行動する議会】を目指して（H24～26）

ーク型議会の構築
②議員研修計画(H24～)
④政策形成サイクル導入

議会モニター
諮問会議
報道機関
町民
SNS

・平均年齢 57.3歳
生議員 3人(19%)
ス1、会社員1、無職5、
酬額 204,000円

(H26)=147 回(日)
会議6日、全協18回、
委10日、合同委2回
{運回数(H26)
ー 13 回
ー 23回
ー 17回
ー 35回
特別委員会(15人)-2 回
調査特別委員会(15

議員選挙
65.06%(2015) ← 86.23(1991)
△21.17%（人口19,068人／H27.3.31）
（有権者数15,014人／H27.4.26）

■原案否決(14年ぶり) この3年間で 7原案否決
1 役場庁舎建設基金条例案(H25.3)
2 職員給与減額案(H25.9)
3 平成24年度一般会計決算（再認定→不認定）(H26.3)
4 平成25年度一般会計決算不認定(H26.9)
■原案否決・議員提出修正案可決
5 職員給与条例（町長・副町長給与減額）(H26.6)
6 消防団条例修正可決(H27.9)、再議否決
(H27.10)

外部評価
2015 マニフェスト大賞優秀成果賞
2014 マニフェスト大賞最優秀成果賞
2014 全国議会改革度ランキング1位
 （2013 同ランキング102位 2012 277位）
2014 NPO法人 公共政策研究所調査
 （道内 道・市町村議会で高位）
2013 北海道町村議会議長会広報コンクール入選
2013 HP情報公開度調査(蘭越町琵琶議員)
 （道内市町村議会で第1位）
2012 マニフェスト大賞優秀コミュニケーション賞

H27議会費予算
報酬　　　　41,561,000円(0.38)
議会費　　　94,,711,000円(0.86)
町予算総額　10,960,000,000円

事務局長　　　　　　　　52歳（4年6か月）
事務局次長(兼総務係長)　49歳（8年6か月）
書記　　　　　　　　　○歳（0年6か月）
臨時書記　　　　　　　○歳（3年6か月）

資料2

議会改革・活性化の取組期間の設定

・政策形成サイクル導入（政策討議会・町長への提言）(H26.10)　・議会ICT計画とSNS導入　facebook(H25.5.28)、LINE(H26.7.14)、Twitter(H26.8.16)　・予算決算常任委員会の設置協議(H26.8)　・議会BCPの協議(H26.8)・各委員会ミーティング実施(H26.8)

委員会の活動改革（政策提言）(H25-27)

・議会基本条例の制定(H25.4.1)・通年議会制(通年の会期制)への移行(H25.5.1)・議会だよりの通年発行(H25.4.12)・議会報告と町民との意見交換会Ⅱ（議会フォーラム）の開催(H24)・全会議（本会議・全員協議会・委員会）のインターネット中継、録画配信(H25.8.1)・議会改革諮問会議の設置(H25.6.3)・議会白書の作成・公表(H25)・自治基本条例、議会基本条例、議員倫理条例の議員自己評価(H26.5)・子ども議会の検討(H26.9)・議会見学会実施(H27.1)、兼議会委員の就任の全廃検討(H26.12)

議会運営のベース改革(H24-25)

・議員研修計画の策定と予算化(H24.4.1)　・議会モニターの設置(H24.4.1)　・議会サポーターの設置(H24.4.1)・北海道大学公共政策大学院との包括連携(H24.6.6)

議員資質の向上(H23-24)

員資質の向上」から着手し、「議会運営のベース改革」、そして「委員会の活動改革（政策提言）」の順に取り組みました。

　特徴の2点目として、議員研修の強化が挙げられます。これは、「議員資質の向上」を目指すものですから、毎年、研修計画を立てて予算化し、この4年間で実に41回の研修会を実施しました。研修の種類は、大きく2種類からなり、一般研修と専門研修です。一般研修は、法務・財務、議会改革・活性化、政策形成、総合計画、議員定数・報酬等、役職研修（委員会活性化）などで構成しています。具体的には、人材育成会社から講師を招き、討議・討論の方法やワールドカフェ手法を学んだり、龍谷大学の土山希美枝先生の質問力向上研修、ICT研修会、包括連携協定を結ぶ北海道大学公共政策大学院の教授陣から政策

研修を受けたり多種多様です。特に一昨年には、総務省から公共施設等総合管理計画の方針が示される前に、同大学院と公共施設マネジメントセミナーを共催し、町側に早急に取り組むよう提言もしました。本町議会は、議員研修計画と議会活性化計画を体系的に策定し進めたことが評価され、第9回マニフェスト大賞で最優秀成果賞をいただきました。

特徴の3点目として、議会広報・広聴の強化が挙げられます（資料3参照）。議会広報紙（議会だより）を12か月、毎月発行しています。これは2000年度に実行したものですが、2013年度の通年議会スタートに合わせ、年間ページ数を2倍の132ページに増やしました。可能な限り、議場の臨場感を伝えるために表決シーンを撮影し、毎月の議会白書コーナーで議会活動時間を報告し、常任委員会の活動をできるだけ細やかに伝えています。議会広報紙の毎月発行は、2012年度のマニフェスト大賞優秀コミュニケーション賞を受賞しました。

議会広報の手段は、議会白書、議会報告会、議会だより、SNSまで含めます。また、議会広聴は、町民との意見交換会を中心に、先ほどのホットボイスなども体系的に考えています。議会白書は、事務局としては大変な作業ですが、作成から今年で3年目になっています。現在、議会ICT計画を策定し、2016年度のタブレット導入に向けて進めている最中です。議会SNSとして、Facebook、LINE、Twitterなども導入し、各常任委員会、全員協議会をはじめ、全会議など全ての会議をインターネット中継・録画しています。

特徴の4点目には、議会への住民参加策が挙げられます。議会モニター、議会改革諮問会議、議会ホットボイスなどがあります。議会ホットボイスは、議会だよりに折込はがきを入れ、議会に物申す意見等を吸い上げ、協議の上議会

資料3

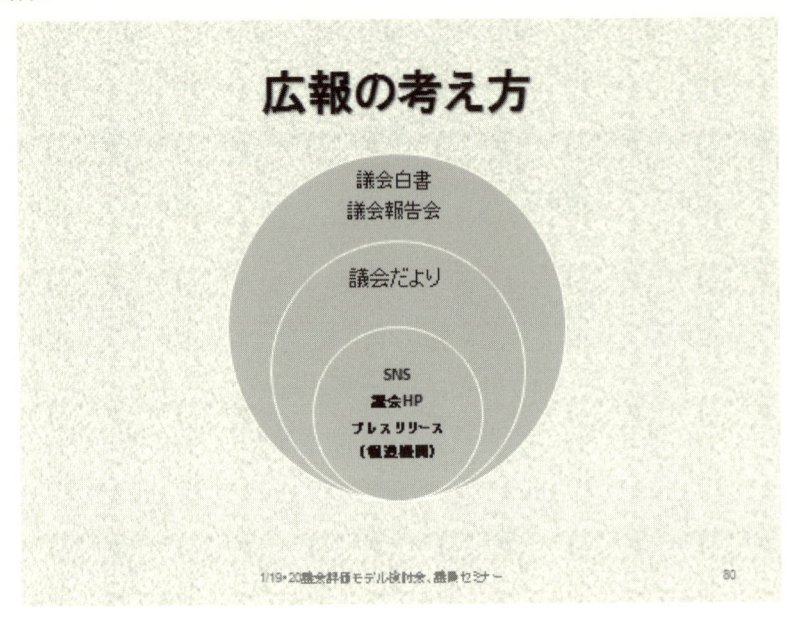

広報の考え方

- 議会白書
- 議会報告会
- 議会だより
- SNS
- 議会HP
- プレスリリース
- (報道機関)

1/19・20議会評価モデル検討会、議員セミナー

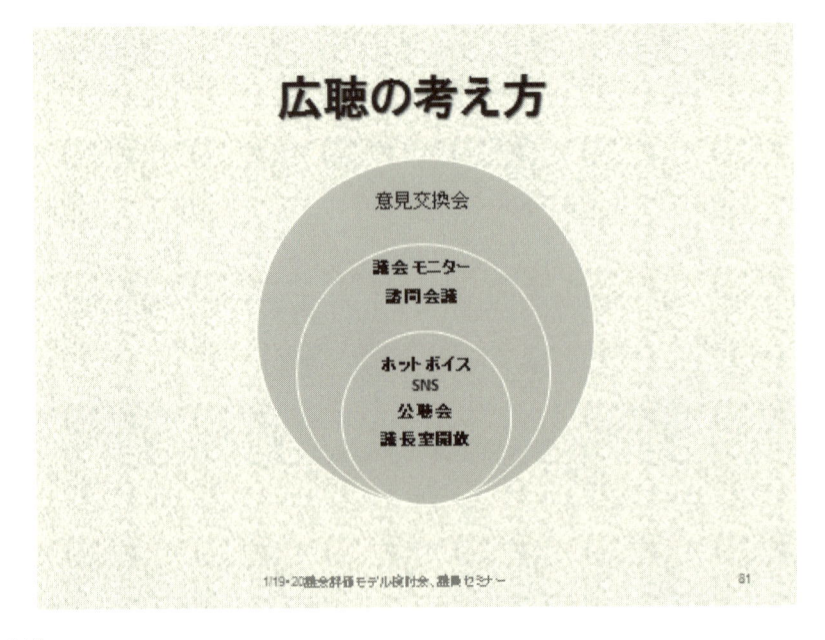

広聴の考え方

- 意見交換会
- 議会モニター
- 諮問会議
- ホットボイス
- SNS
- 公聴会
- 議長室開放

1/19・20議会評価モデル検討会、議員セミナー

118

だより、あるいはホームページに回答するという制度です。

議会モニター制度は、任期を1年間とし、町民10人に対し議長委嘱しています。これまで30人の町民に就いていただきました。年間3回は、議員全員との会議に出席いただくほか、レポート提出を踏まえ、お願いし、議会への意見・提案を全て議会活性化計画上に載せて改革検討を行っています。

議会改革諮問会議も5人の町民に議長が委嘱しました。任期は2年間です。議長から議員報酬、議員定数など6項目について諮問し、議員活動量を調査するなどゼロベースからの調査を経て答申書をまとめ、答申に至りました。

町民との意見交換会も議会フォーラムという名称に変え、議員と町民がワークショップを行い、町民に議会ICTを理解していただくよう努めました。

また、議会サポーター制度は、7人の識者にお願いし、助言をいただいています。改革を進めるためには大きな効果をもたらしています。

(3) 議会・議員評価の意義

本題の議会評価の取組をお話しします。議会評価の取組は、議会基本条例の第13条に明記のとおり、推進しなければなりません。本町議会では、大きく2つの評価を行っています。1つは、「議会運営ベース」に関する評価ですが、これは議会改革・活性化には必然です。もう1つは、「委員会の活動ベース」に関する評価です。評価を進める上で政策とか事務事業に対する評価となり、住民福祉の向上を基本とした評価です。この2つの評価を進めてこそ、議会活動の成果が上がり、さらには議会に対する町民の信頼感が増すのではないかと考えています。

議会基本条例を制定した以上、議会運営の評価を行うのは当然です。しかしながら、それだけでは、町民の議会評価は得られません。町民生活に直結す

る各政策や事務事業を議会として評価し、調査し、政策提言にまで持ち込むことが重要と考えています。様々な政策を議会から練り上げるまでに至らないと、町民は議会に振り向いてくれないのではないか、そのように意識して現在、進めている最中です。

　最初の議会運営の評価の方法については、議会基本条例の条文をベースにして評価を行っています。全議員に、各条文の条項目の全てを配布して、「あなたはこの条例の議会項目のこの内容についてこの1年間どうでしたか、どう取り組みましたか」、あるいは、「自己評価だけではなくて議会全体を見たときにどうですか」、この議会基本条例については委員会の項目もありますので、「委員会としてどうでしたか」、「その委員としてどうでしたか」、という評価をしています。全条項目を自己評価し、議会運営委員会でその集約したものを再度評価して、全員協議会で最終評価をするという流れです。

　2つ目の政策と事務事業の評価は、執行機関側で行った評価書を、実行計画書(40施策)、事務事業マネジメントシート(656事務事業)、決算審査の際の成果説明書(196)、この3つをベースにしています(資料4参照)。本町の施策は40、事務事業数は656、決算審査の成果説明書は196事務事業ありますが、これらを各所管の常任委員会に分けて、委員会の中で評価します。そして、掲げた数値目標等に到達していないものをピックアップし、委員会で調査しています。2014年度の各委員会から抽出したものは11項目ですが、ここで評価から政策形成サイクルに作業が移行します。

　2014年度の改革・活性化の主要6項目には、議会政策形成サイクルの着手も含まれています。議会改革に取り組む過程で何が起きたかというと、議会は首長提案をこれまで14年間にわたり追認してきたのですが、2013年からの2年間で5件の原案否決するに至りました。決算は2年間続けて不認定とし、

資料4　政策の評価

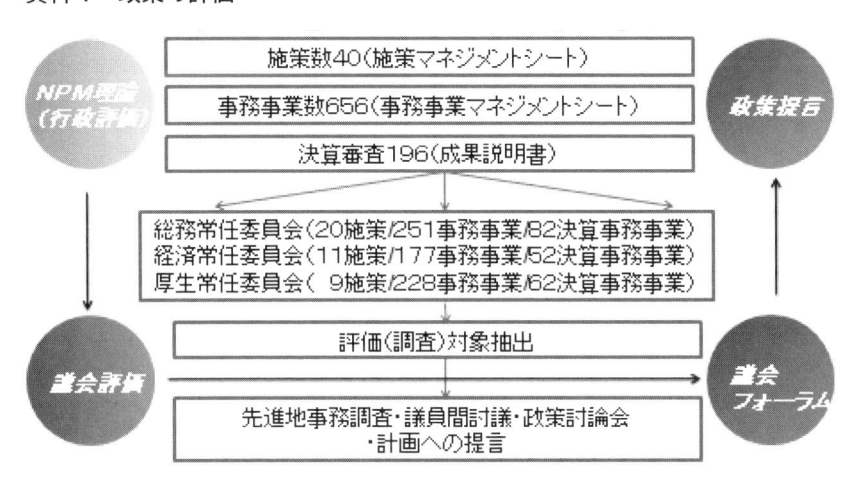

```
NPM理論               施策数40(施策マネジメントシート)           政策提言
(行政評価)             事務事業数656(事務事業マネジメントシート)
                      決算審査196(成果説明書)
                              ↓
          総務常任委員会(20施策/251事務事業/82決算事務事業)
          経済常任委員会(11施策/177事務事業/52決算事務事業)
          厚生常任委員会( 9施策/228事務事業/62決算事務事業)
                              ↓
議会評価              評価(調査)対象抽出                       議会
                     先進地事務調査・議員間討議・政策討論会     フォーラム
                     ・計画への提言
```

さらに執行機関側が執行権を楯に、議会に対し非公開だった総合計画実行計画書の公開を粘り強く要請し続け、ようやく実現に至りました。

　政策形成サイクルの制度設計については、会津若松市議会及び長野県飯田市議会を調査視察し、双方を組み合わせて、本町議会でスケジュール化しています（資料5、6、7参照）。本町議会は、2013年度から通年議会を導入していますので、評価と政策形成サイクルをつなげるための議員会活動を認識しながら進めることが可能となっています。

　政策提案する時期は、決算審査と予算審査の前の8月末と2月末の年間2期を基本にしています。政策討論会を踏まえて全員協議会で協議し、執行機関側に提案することとしています。議会白書と活性化計画書には、その成果を記載し、さらに議会ホームページや議会広報紙等を通じ町民にも周知します。

資料5　町民との意見交換会と常任委員会活動を中心とした
　　　　「芽室町議会・政策形成サイクル（第8回議員協議会1/25提示）

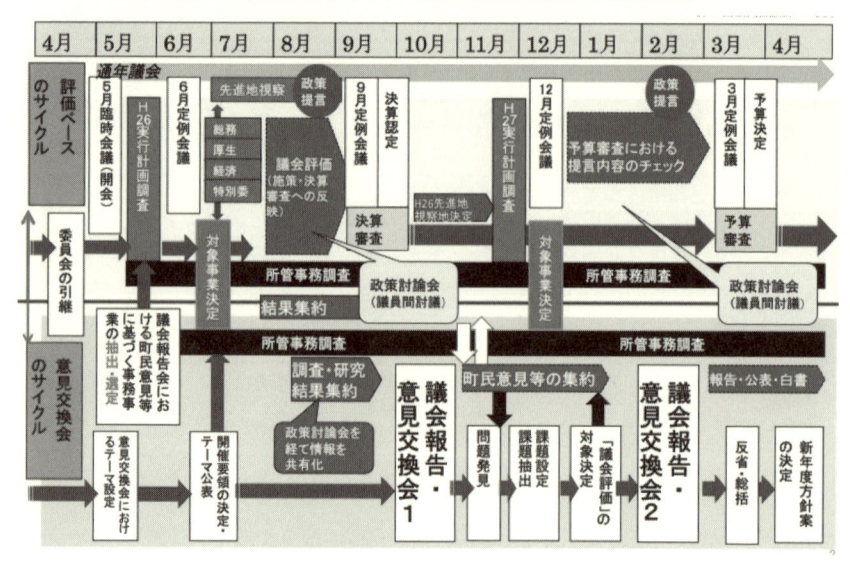

資料6　年2サイクルによる芽室町議会・政策サイクル

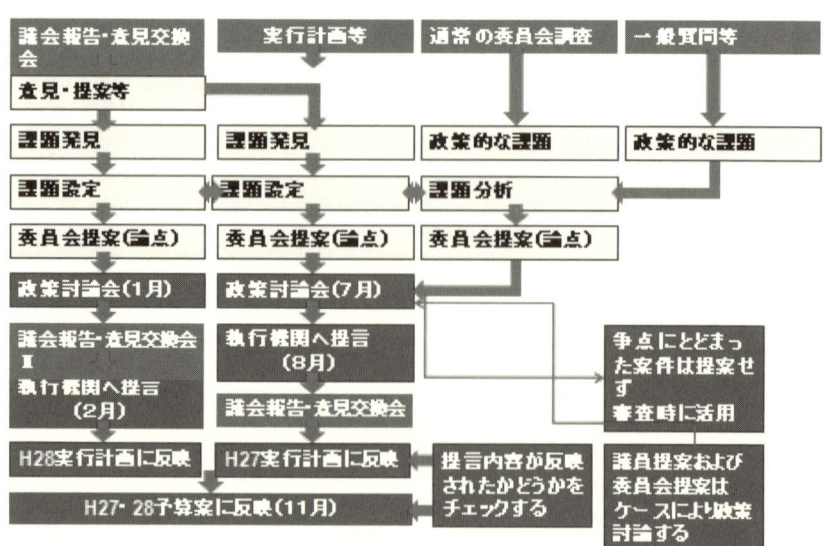

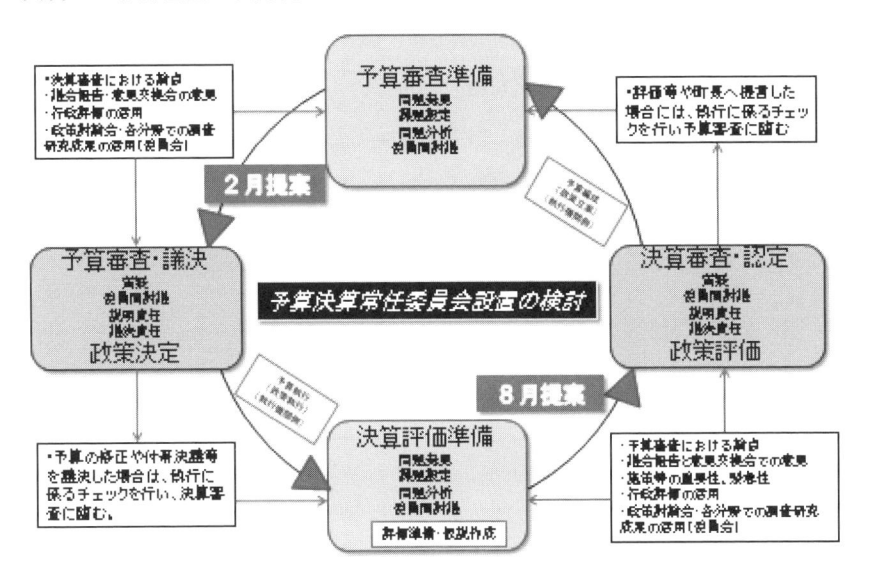

第3章 〈実践報告〉北海道・芽室町議会

資料7　予算審査・決算審査を連動させた政策形成サイクル

(4) 議員や住民の感想や変化

　議会改革の要諦は、議会を取り巻く資源を最大限活用しながら、議員討議を基に議会改革と活性化を推進することであると思います。改革には時間をかけて行わざるを得ないものと、急ピッチで行うべきものがあります。

　本町議会が取り組んでいるのは、議会から始まる政策形成サイクルの確立ですが、議会フォーラムを開催し、町民からの意見や提案内容を基に、実施計画、実行計画、個別計画など町の総合計画を各常任委員会で照らし合わせながら、事前評価、中間評価、事後評価、決算審査、予算審議に向けた調査を進め、政策提言し、または次年度以降の実行計画に反映し、予算化に至るまでのサイ

123

クルを全議員で取り組んでいます。
　それを支えるのは町民の議会参加です。議会が、議事機関としての活動を展開し、個別政策に町民の意思を編み込んでいくことにあると思います。執行機関と対峙するのではなく、あくまでも町民に対する福祉向上、豊かなまちづくりのために切磋琢磨する議会であるために、町民からの信託には、あくまでも政策形成で応えていくべきであると考えています。

質疑応答

住民が議案に対して意見が出せるのでしょうか？

○**参加者A** 芽室町議会のホームページを観ましたが、研修計画書はとても立派です。ただ、なぜ福島町議会のように条例化せずに要綱にとどまっているのでしょうか。また、福島町議会は傍聴者に発言の機会を設けるとあるのですが、住民が議案に対して意見が出せるようになっているのでしょうか。

○**西科** 本町議会では、研修の取組を要綱化しています。研修費を公費で予算化している以上、条例化は今後必要と思います。研修後は、必ずレポートを提出しなければいけないこととなっていることからも条例化は必然かもしれません。議会傍聴はどなたでもできることになっていますが、傍聴する町民が議会に対して意見を述べる場は設けていません。隣町の音更町議会では、毎定例会ごとに傍聴の方々と議員が意見交換をすることを繰り返して行っています。確かにそういう取組は必要になってきていると思います。

　インターネットで委員会中継などを導入すると、傍聴者は減る傾向にありますが、録画配信で議会のようすを観る方が増えることから、議会に意見を述べるしくみを構築していく必要性はあると考えています。

政策評価はどのように行っているのですか？

○**参加者B**　議会運営の評価は、全議員が共通して評価結果が決定すると思います。しかし、政策というのは議員のポリシーの問題であることから、意見が分かれる可能性があると思います。政策評価はどのように行っているのですか。

○**西科**　各委員会の中で、評価には私見的なものも入り、一致しないケースが多いと思います。だからこそ、委員間討議が始まるのだと思います。個々に持っている意見が異なるからこそ討議の必要性があり、意見を1つにする作業は容易なことではありません。しかし、意見が一致したならば、議会としての政策提案としては相当に強固なものになります。これは公式の委員会だけなくて、委員会終了後のオフサイトな議論を通じて行っていく必要もあります。

常任委員会のインターネット中継、住民からどのような反応？

○**参加者C**　私の市の議会基本条例は、今年の4月から施行しています。これから芽室町議会のように施行後の取組をしていかなければと学びました。議会モニター制の導入によって、議会と議員はどのように変わりましたか。また、常任委員会のインターネット中継により、住民からはどのような反応があるのでしょう。

○**西科**　議会モニターを導入し、2年間で121項目の提案が出されました。これらは全て議会運営委員会で対応を協議し、議会活性化計画上で解決策を講じてきました。町民の皆さんからのダイレクトな指摘は、議会改革・

活性化を考える上でプラス面が大きいと思います。また、議員の資質向上には、議会モニターの存在は相当大きいのではないかと思っています。
インターネット中継のアクセス件数は、議会広報紙に必ず掲載しています。大きな問題があるときなどはアクセス件数が集中することから、分かりやすくなっています。議員にも緊張感を与えているとも思います。
ただ、ネット中継も見出しをつけ検索しやすくするなど、分かりやすさを念頭にする必要もあることから今後考えていきたいと思います。

市議会を最初に動かすトリガー（引き金）について？

○**参加者D**　当市議会は、会派中心主義で会派の話し合いはしますが、議会全体ではあまり話し合いません。議会基本条例を制定してはいますが、基本条例を具現化するエンジンもなく、どれも中途半端です。芽室町議会が大きく前進しているというのは、2000年から策定している議会活性化計画がベースになっていることと、会派中心主義、政党中心主義ではないことによるかと思います。当市議会を最初に動かすトリガーについて、アドバイスをお願いします。

○**西科**　芽室町議会には会派はありませんが、そのことで各委員会を中心に展開することは可能です。2000年度からの議会活性化計画を、議会基本条例が制定された2013年度から組み換えをした効果は大きいと思います。活性化計画の柱は、議会基本条例の章に合わせ、それに改革・活性化策を連動させましたので一目瞭然になりました。基本条例を議員一人一人条文ごとで評価をすることによって、1年に一度は条文を必ず読み込むことになり、議員個々の気づきにもつながります。

　議会基本条例を制定した後に、条文をどのように具体化するかという個

別計画、または行動計画が必要になってくると思います。その計画を作らない限り、目指すべき「ものさし」もなく、それがなければ評価もできません。まずは、議員が自己評価をし、委員会評価をし、さらに議会全体で年度末に最終評価を行い、次の議会改革の一手を講じ、それを議会白書で報じるという一連の PDCA の流れをつくることが重要だと思います。したがって、議会基本条例をもとにした個別計画または行動計画があればいいのかと思います。

(西科　純)

第4章

〈実践報告〉福島県・会津若松市議会

自治体・議会の紹介

(1) 会津若松市の紹介

　会津若松市は、福島県西部、会津盆地の東南に位置し、東京から約300km、県都福島市から約100kmの距離にあります。
　市制は明治32年4月1日市制が施行され、平成の合併については、平成16年11月1日に北会津郡北会津村、平成17年11月1日に河沼郡河東町と合併しました。

- ●人口…平成27年4月1日現住人口121,742人、(高齢化率は27.5％)、世帯数は48,199世帯。
- ●市域面積…383.03k㎡。
- ●財政状況…平成27年度当初一般会計予算48,977,000千円。
　財政力指数0.604（平成26年度決算）。
- ●産業別人口…第1次産業3,137人、第2次産業14,181人、
　第3次産業37,934人、分類不能2,246人、
　合計57,498人（平成22年国政調査による）
- ●特産品…会津漆器、会津清酒、会津人参、会津見不知柿など

(2) 会津若松市議会の紹介

- ●議員定数…30人、平成27年8月10日現在の現員数30人
　（男性27人、女性3人）。
- ●年齢別議員構成…30代1人、40代4人、50代14人、60代11人、
　平均56歳。
　常任委員会…5委員会（総務、文教厚生、産業経済、建設、予算決算）
- ●会派制…3人以上を交渉会派としており、現在6会派がありますが、それ以外の会派（2人会派）も1会派あります。
- ●地方自治法第96条第2項の議決事件の拡大…「市政の総合的かつ計画的な運営を図るための中長期的な計画の基本理念、基本目標、

政策、施策等を体系的に示した基本構想及び基本計画の策定、変更又は廃止」について議決事件としました（平成 27 年 3 月議決）。
- **議員提案条例（政策条例）**…平成 14 年に「会津若松市食料・農業・農村基本条例」、平成 15 年に「男女共同参画推進条例」を策定しましたが、最近は政策条例の提案はありません。
- **議会基本条例の制定の有無**…平成 20 年 6 月定例会において賛成総員により制定されました。会津若松市議会では、議会基本条例をまちづくりのためのツール（道具）と表現しており、議会基本条例に基づく議会活動は、市政発展への寄与が最終目的で、議会内の仕組みやルールづくりはその手段に過ぎないとしています。条文上の他自治体の条例と比べて特徴的なものとしては、議決責任、広報広聴委員会、政策討論会が規定されている点があげられます。
- **投票率**…市長選挙～平成 23 年 8 月（59.99％）、平成 19 年 4 月（69.51％）、市議会議員一般選挙～平成 27 年 7 月（50.24％）、平成 23 年 8 月（59.98％）、平成 19 年 4 月（69.51％）
- **議会事務局職員数**…定数 13 人、平成 27 年 4 月 1 日現在の現員 11 人（局長含む）。

会津若松市議会報告内容から

(1) はじめに

　会津若松市議会は、平成20年6月定例会において、賛成総員で可決制定された議会基本条例をツールとして、市民参加型政策形成サイクルの実践など議会改革を進めています。
　しかしながら、議会基本条例の目的にある「地方自治の本旨に基づく市民の負託に的確に応え、市民福祉の向上と公正で民主的な市政の発展に寄与すること」の実現には、まだまだ途上の段階であり、これからも継続して議会改革に取り組み、真に市民から信頼され、市民生活の向上に役立つ議会づくりを目指していかなければなりません。
　そのため、「市民の負託に応えうる合議体たる議会づくり〜市民に信頼され、市民に役立つ真の議会を目指して〜」を基本理念とし、その実現に向けてさまざまな議会改革に取り組んでいます。

(2) 会津若松市議会の目指す議会像

　会津若松市議会の目指す議会像ですが、議会には、監視機能、政策立案機能、市民参加機能といった機能があります。会津若松市議会はこの3つの機能のどれかに力を入れているとか、どれかが弱いとか、そういうことではなく、総合的にこの3つの権能を強化していこうという立場に立つ、協働型議会を目指し

図1　目指す議会像のイメージ

会津若松市議会は議事機関として、執行機関である市長と対立関係ではなく、**互いに独立・対等な立場で切磋琢磨し、最終的に市民生活・市民福祉の向上のため**に市政を担っています。

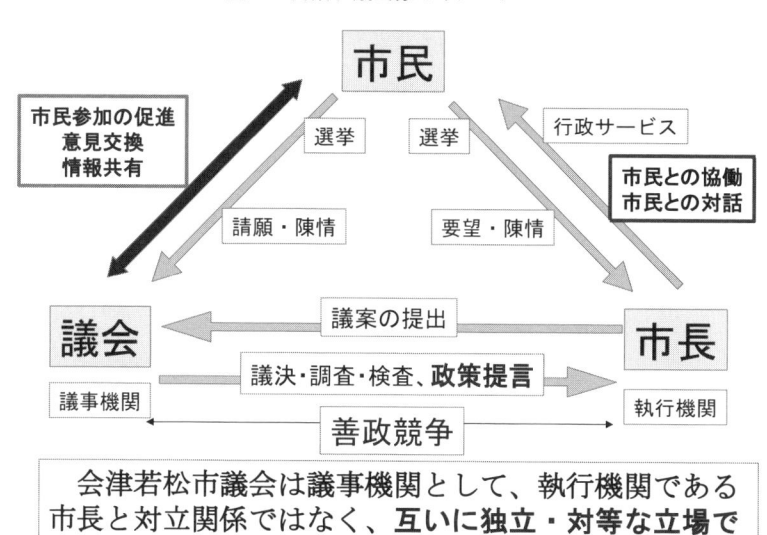

ております。

　そして、会津若松市議会が目指す議会像のイメージ（図1）ですが、一見すると中学校3年生の「公民」の教科書に載っているような図ではありますが、市民と議会との関係のところに「市民参加の促進、意見交換、情報共有」と書いてあります。ここが会津若松市議会の最も基軸となすところであります。そして、下の段、議会と市長との関係ですが、善政競争という形でとらえております。機関競争ということもありますが、執行部は執行部の目線で、そして議会は議会の目線でお互いに良い政策を展開していこうではないかということです。「互いに独立・対等な立場で切磋琢磨し、最終的に市民生活・市民福祉の向上のために市政を担う」という考え方です。

(3) 会津若松市議会の市民参加型政策サイクル

　会津若松市議会の政策形成サイクルと市民との意見交換会を基調にした政策提案の方向についてご説明します。図2の右側が一般的な政策サイクルです。問題発見、課題設定、問題分析、政策立案、政策決定、そして執行、評価とつながります。これが一般的なPDCAサイクルです。会津若松市議会は左側のサイクルを回しております。一番上にあるのが意見交換会です。右と左を比べ右の「問題発見」の場を会津若松市議会は意見交換会で行うということです。そして、意見交換会で1回当たりだいたい200から300くらいの提言が挙がってまいります。これらを広報広聴委員会で意見の整理をして問題を発見する

図2　政策形成サイクル（総論）

会津若松市議会の政策形成ツール	一般的な政策形成サイクル
意見交換会【意見の聴取】／広報広聴委員会【意見整理→問題発見】	問題発見
広報広聴委員会【課題の設定】	課題設定
各派代表者会議【課題の設定（決定）】／意見交換会【設定課題の報告・意見交換】	
政策討論会【重要性等の分析】／意見交換会【問題所在等の意見交換】	問題分析
政策討論会・常任委員会など【政策づくり】／意見交換会【パブリックインボルブメント等】	政策立案
意見交換会【パブリックコメント等】／本会議・委員会【議案審議・議決】	政策決定
（執行機関の執行）	政策執行
予算・決算審査【政策の事前評価・事後評価】／一般質問【執行状況等の監視・評価】／意見交換会【議会の評価に関する意見交換】	政策評価

というのが第1段階です。

　第2段階、今度は右の「課題設定」に当たるのが、会津若松市議会で言う広報広聴委員会が課題を設定するということです。どうやって課題を設定するかというと、1つ1つの事務事業に応えるものではないということです。大きなところの政策・施策に基づいて、例えば「道路が陥没している」という意見に対して、これは何に原因があるのだろうか、下を流れている地下水の問題なのか、上から流れてくる溢水の問題なのか、あるいは道路自体の交通量の問題なのか、さまざまな原因が考えられます。その根本的な原因はどこにあるのか、基本的な執行者の政策に問題はないのだろうかという視点で考えた上での課題設定を行うという意味です。広報広聴委員会で課題設定した後は、「こういう課題を設定しました、皆さんからのご意見をいただきたい」ということで次の意見交換会をやります。

　そして、さらに今度は問題分析になります。これをどこで行うかというと政策討論会というステージになります。政策討論会を通して会津若松市議会議員は、設定した課題についての政策研究を行っております。そして、さらに次の意見交換会で検討の中間報告などを行いながら、本会議、委員会等々でそれぞれの定例会に出されます議案、予算等の審査に設定した課題の研究を生かしていきます。そして、執行機関が事務事業を執行したあと、予算決算委員会を連動させて審査しますが、意見交換会で出てきた隙間の部分を個人的な一般質問等でやられる議員も非常に多くなりました。このようにして私たちは政策形成サイクルを回していきます。そして、最後にまた上段に戻っていくというわけです。

　政策形成サイクルの基本フレームとして、「議会が有するさまざまな個別の意思を一般化・統合化していくという機能を踏まえ、数多くの意見から帰納法的に課題を設定し、市民意見・要望に応えよう」とするモデルがあります。課

題を大きくとらえようとすることを大事にしておりますので、さまざまな議員のさまざまな視点に基づいた多様な意見の議論ができると考えています。

　政策形成サイクルにおける意見整理、問題発見、課題設定です。意見整理は、テーマ別に分類を行います。これは機械的に行います。次の問題発見につきましては、望ましい姿と現実の状態とのギャップから問題を発見していくものです。例えば広島で起こった土砂崩れ、非常に悲惨な出来事でしたが、会津若松も山に囲まれていて土砂崩れの危険が数多くあります。普通は溢水が起こる下流から直していくというのが執行者の土木の理屈であります。と同時に、上流の部分も見なくてはなりません。この間の環境の変化、手を入れていなくて荒れてきた森林のせいで山からの土砂崩れが非常に起こっております。これが市民との意見交換会から出されるわけです。「広島の例もあった。夜も眠れない。」ところが、これを市長や建設部の職員は知らないことが多いのです。これが現実、意見交換会の中で出てきたときに、これは大変なことだということで、意見交換会の運営を担当した議員（班）が現地調査をして、それを広報広聴委員会に問題として提出していきます。そのあと大きな課題設定の中に組み込まれていくわけです。

　問題が発見されるとその解決・実現のためのテーマを決めます。これが課題設定です。課題設定に当たっては、「内容の重要性は勿論であるが、個別意思の統合化機能、統合的・横割的・選択的な議論の可能性など、議会の合議体としての特性も踏まえて検討することが必要」であります。

　一人ひとりの議員の目線、会津若松市議会議員は30人いますが、30人30様であります。したがって、得意分野もあれば不得意分野もあります。そして、一人ひとりの議員の力が30人集まることによって、これは大きな力になります。どうしても執行者の目線というのは執行の理論です。だから、およそ1,000ある事務事業の1つ1つをいかに執行するかというのが執行者の理論で

す。しかし、議会の目線というのはそうではありません。執行者の目線ではなくて、何が必要で、何が必要でないのか、住民から出ているこの苦情はどこに原因があるのか、どういう基本的な政策・施策に問題があるのかということを考え得るのが議会です。縦割りの中でどうしようもないことに横串を入れていくのはまさに議会の役割だと考えております。すべてを評価する必要はありません。そこから選択して集中して評価をし、問題提起をしていくのも、これも議会のできる特権だと考えています。

　解決・実現すべき政策課題テーマは、**表1**のようになっています。テーマは「議会」から「教育・文化」までさまざまな提言・意見をもとに設定したものが、それぞれの分科会に振り分けられます。例えば、第2分科会においては、福祉サービス、地域福祉のあり方、それから生涯学習のあり方について、調査研究を行っており、まもなくまとめが完成するところです。

　なお、平成27年4月、政策討論会全体会において、各分科会より平成23年8月7日から4年間の政策研究の取り組みについて報告がなされ、議員間の質疑を経て了承されました。その後、その概要を5月の市民との意見交換会で市民への報告、さらに、6月に再度政策討論会全体会を開催し、議会としての最終報告書をとりまとめました。

　また、この最終報告に基づき、平成27年6月30日に市長に対して政策提言を行いました。(**表2**)

　各分科会の調査研究テーマは、常任委員会ごとに第1分科会から第4分科会までそれぞれ課題を設定して2年間かけて研究をしております。2年ごとに議長が替わりますので、常任委員会もメンバーが替わります。議長が替らない場合もありますが、常任委員会は替わっていきますので、だいたい2年サイクルでこのテーマは回していきます。

　なぜ、政策討論会分科会を作って調査研究をするのか、については、議会閉

表1　解決・実現すべき政策課題テーマ

大分類		テーマ	政策討論会
A　議会	1	議員活動と議員定数等との関連性及びそれらのあり方について	議会制度検討委員会へ
B　行・財政	2	本市財政の持続可能性と事業・サービスとの調和について～市民が事業・サービスを選択しうる舞台づくり～	分科会 (第1分科会へ)
	3	行政サービス提供のあり方」と庁舎等整備の方向性について	分科会 (第1分科会へ)
	4	民間委託のあり方について	全体会へ
C　生活・環境	5	防災などの地域の諸問題解決に向けた、地域と行政機関等との連携による新たな地域社会システムの構築について	分科会 (第2、第4分科会へ)
	6	地域環境の保全について	分科会 (第2分科会へ)
D　健康・福祉・医療	7	高齢社会及び少子化社会における社会保障サービスとその負担のあり方について	分科会 (第2分科会へ)
E　産業経済	8	地域経済活性化と持続可能な地域産業の維持・育成について	分科会 (第3分科会へ)
F　建設・都市計画	9	都市計画の基本的方向性について	分科会 (第4分科会へ)
G　教育・文化	10	教育・学習環境の整備について	分科会 (第2分科会へ)

会中の活動をするためです。常任委員会は閉会中の活動はできませんので、分科会という形で、議会側の政策研究の場として行っています。したがって、会津若松市議会は通年議会を行わなくても、今現在、通年議会のようなシステムを回していることになります。

　また、市民から出されたさまざまな意見の中には、地域にとって特に緊急性

表2　政策提言の概要

提言項目	主な提言内容	※参考（研究テーマ）
提言1 長期総合計画	長期総合計画に関する共通理解を図るべきであり、基本計画には主要な事業について優先順位をつける必要がある	健全な行財政運営に基づく最適な自治体づくり
提言2 財政計画	総合計画と連動した財政計画が必要である	健全な行財政運営に基づく最適な自治体づくり
提言3 自治基本条例・都市内分権	自治基本条例案策定に当たり、次の4点（市民の定義、地域の定義、都市内分権、関連条例）について留意するよう提言する	均衡ある行政機能と住民サービスのあり方
提言4 今後の地域福祉のあり方	①ソーシャルインクルージョンの実現を ②個人を起点とした地域包括ケアシステムの構築を ③地域福祉を推進するためのプラットフォーム機能の充実を ④ワンストップサービスの展開を	今後の地域福祉のあり方
提言5 生涯学習の推進	①地域の教育力の醸成を ②教育活動の相互連携を ③多様な学習機会の提供・社会教育施設機能の充実を	生涯学習の推進に向けて
提言6 地域産業の維持・育成	①地域産業振興に向け関係団体とのさらなる連携・強化の充実 ②産業振興基本条例等の政策的手法の検討 ③産業振興会議等の場の創設	地域経済が持続可能な形で活性化するあり方
提言7 雨水流出抑制による総合的な治水対策	①既存のハード整備の計画的推進 ②多面的な取り組みの推進 ③本市の特徴を踏まえた総合的な治水対策の推進 ④行政による率先垂範と市民等の参加促進に向けた取り組みの推進 ⑤溢水発生リスクの把握と情報公開の推進 ⑥多様な主体による連携の推進 ⑦実効的な総合治水計画の策定	溢水に強い基盤整備について

のある課題や地域特有の課題への対応も必要になってきます。これは行政と市民との間に生まれるニッチ、つまり隙間であったり漏れであったりする部分です。緊急性のあると報告があった課題については、議会がすぐに広報広聴委員会で整理をして、代表者会議で対応を検討します。これまでの例としては、任意の検討組織（委員会）を設置して1年程度の期間で議会側としての考え、方向性を示すことを行なってきました。これまで鶴ヶ城周辺公共施設の利活用に関して市長が提案してきた案に対してストップをかけ、そして対案を示し、それを通しました。結果、小学校の建替えが早く進んだということがあります。

　また、会津若松は猪苗代湖という大きな水瓶があるのですが、何と猪苗代湖のすぐそばには上水道が出ない地区があります。そこでは沢水とか地下水を使っております。その住民から何とかしてくれという長い時間かかってきた苦悩と苦情があります。これではいけないという住民の意見が意見交換会で具体的に出されましたので、議会はこれについても委員会を設置、約1年かけて議論し、最終的には賛成総員で「決議」し、議会としての考えを示したところ、市は今後5年間で、ひねると安心して出る水を目指すと約束したということになって、長年の懸案事項について一歩前進することができた事例です。

　大事なことは、市民との意見交換会で出された意見をどうするのかということです。これは図3に記載してありますが、ポイントだけ申し上げます。二重囲みのところです。「議会としての政策検討課題テーマとなるもの」については、これを今後の検討テーマとしていきます。それから、各地区で出された意見を広報広聴委員会で整理をして、そしてまた挙げていきます。緊急的に対応すべきものは前述のとおりであります。つまり、一番左の「市民との意見交換会から出てきた意見」をこのような右に向かう流れの中で、会津若松市議会は政策形成サイクルの中に生かしていっているということです。

　なお、平成27年4月、政策討論会全体会において、各分科会より平成23

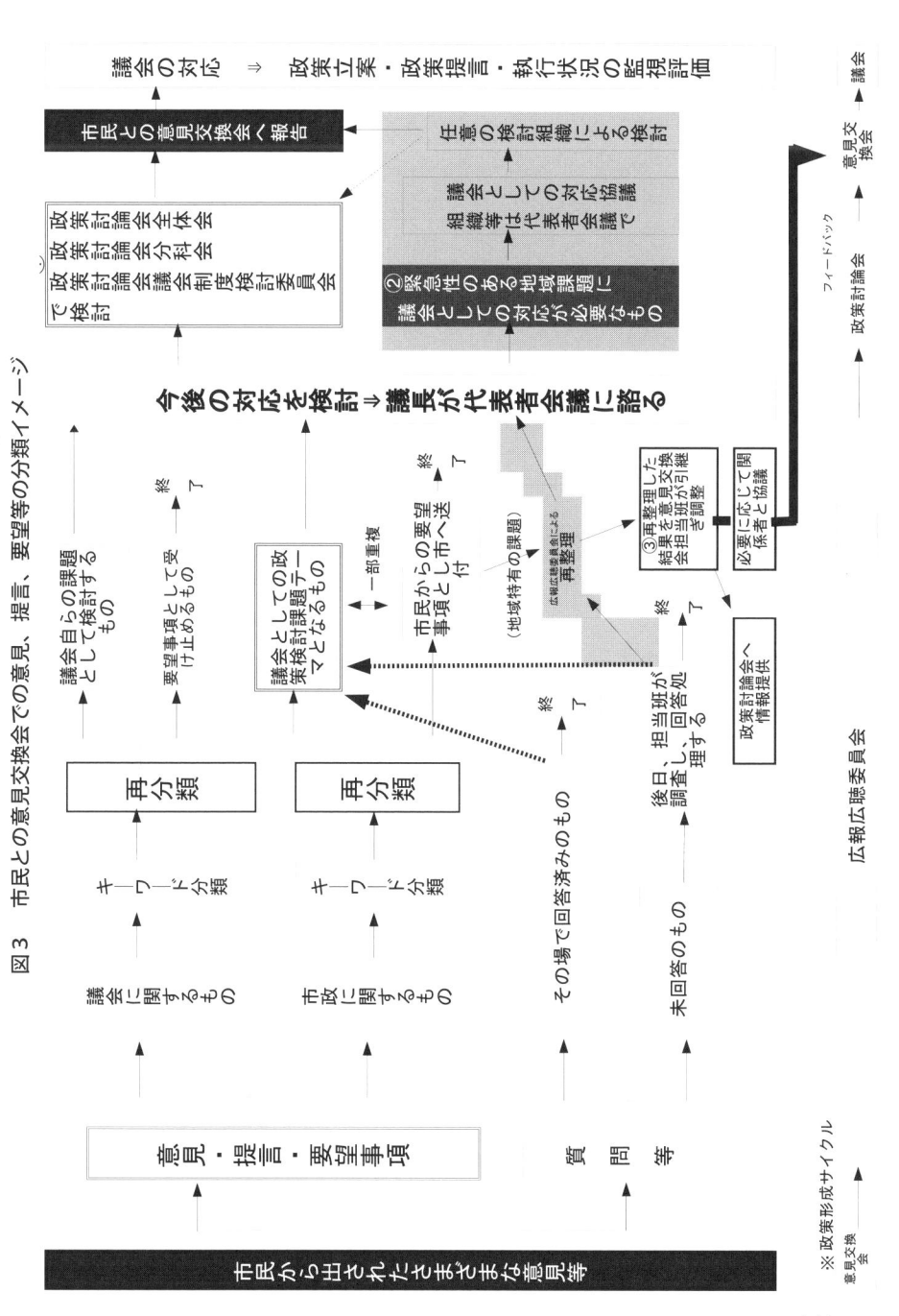

第4章 〈実践報告〉福島県・会津若松市議会

図3 市民との意見交換会での意見、提言、要望等の分類イメージ

年8月7日から4年間の政策研究の取り組みについて報告がなされ、議員間の質疑を経て了承されました。その後、その概要を5月の市民との意見交換会で市民への報告、さらに、6月に再度政策討論会全体会を開催し、議会としての最終報告書をとりまとめました。

また、この最終報告に基づき、平成27年6月30日に市長に対して政策提言を行いました。(表2)

(4) 議会評価を考える

議会の評価について、まずどのような評価があるのかという部分についてです。評価の主体、対象が大事になりますが、評価の主体、対象を「議会が行政を評価する」、「議会が議会を評価する」、「市民が議会を評価する」の3つの視点から考えてみたいと思います。

1点目の「議会が行政を評価する」については、行政政策・施策・事務事業の評価のことになります。これについては、従来どうしても、この公園の施策はどうであったか、こどもクラブはどうであったか、道路の補修はどうであったかとか、そういう一つ一つの事務事業の区分け的な評価をしてきました。そういう評価ではないということです。基本は政策・施策の体系に基づいた評価です。

なぜ議会が行政を評価することが今回の議会の評価に関係するのか。議会・議員みんなで一丸となって政策形成サイクルを回し、予算決算の連動を行なっております。そのことが市民に見えるような形で展開されれば、議会から行政に対する評価を市民からいただけるという確信を持っております。

先ほど少し述べましたが、1個1個の事務事業の評価をするのではありません。大きなところでの行政政策・施策の部分についての評価を行うわけです。これについては予算決算常任委員会があり、この予算決算常任委員会は議長を

除いた 29 人の議員が全員入っております。予算決算委員会については、適切な団体意思の決定、地域経営根幹への適切な関与を行うため、予算審査と決算審査を有機的に連動させるものとして予算決算員会の常任委員会化を図りました。

　予算決算委員会の運営は、施策・事務事業を１つ１つの事務事業の中からポイントとなる事務事業を抽出することから始めます。その抽出することから、そして決算審査において施策評価に移るわけです。１つ１つの事務事業がどうであったかということを通して、施策の部分の評価を行っていくということです。要望的意見のような形で執行機関に議会の意思を示す場合が多いです。予算編成の場合には、決算審査で行ってきた要望的意見が次年度の予算編成でどのように生かされているか。なぜ生かされなかったのかも含めて予算審査を行うというように回しております。

　２点目の「議会が議会を評価する」については、議会制度検討委員会で取り組んでいるところですが、本当に難しい局面に差し掛かっています。

　はじめに、議会制度検討委員会の位置づけですが、第１期目の議会制度検討委員会は、実は議長の諮問機関でありました。すなわち議会基本条例を作ることが目的でした。第２期以降ですが、政策討論会の一つとして議会制度検討委員会の活動を行っております。市民意見に基づき設定された議会、議員に関する課題を解決していくための研究機関であります。この委員会には公募による市民委員が２名入っております。議会制度検討委員会の歩みですが、特徴的なことは第１期で議会基本条例を作り、第２期では、議員報酬と定数との関連性およびそれらのあり方についてモデルを作って、どのような活動の量および定数、そして報酬をモデルとするのかということを決めました。第３期では、福島町議会の溝部議長をお呼びして「議会白書づくり」に着手、そして現在、第４期は議会の見える化とそのシステムづくりということで総括と成果のあり方の検討を行っております。

具体的に、議会が議会を評価する中身についてです。1つ目、議会活動・議員活動の検証をただいま行っている最中です。現在進行形です。何をやっているかというと、まず活動の結果、何をどのくらいの活動を行ったのかという量的な検証を行なっております。そして2つ目、そこから生まれる活動の成果はどういうものかについては、市民福祉・市民満足度の向上にどのようにつながったのか。この2つの側面から今、検証をしております。そして、今後の議会改革の方向性を打ち出していきたいと考えています。
　現在、議会制度検討委員会で行っているのが議会活動・議員活動の検証です。これについては、今まさに江藤先生のご教示をいただきながら、活動量を前回のモデルと比べてどうなっているのかということで検証しました。実に本当に言いづらいことですが、今回実態調査をしたところ、以前作りましたモデルに活動量が達しておりませんでした。しかし、それを報酬とか定数の減、そういう行政改革の理論でもって判断しようとは全く思っておりません。この活動量が減っていた原因がどこにあるのかということをまさに今探っているわけです。それと同時に、議員活動の検証の視点として成果がどういうものであったのか。市民に対して貢献できたかどうかであります。そういう総括を今現在、行っている途中であります。
　会津若松市議会は、「量的な側面から議会活動・議員活動を住民に説明するだけでは不十分」であるという考え方に立っております。そのためには政策形成サイクルを拡充・精緻化して、住民参加を促進して、最終的な評価を踏まえ、成果を挙げられる議会とはどういう議会なのかということで次期議会につなげるフィードバックをしたいと思っております。
　3点目の「市民が議会を評価する」については、会津若松市議会は市民との意見交換会を基軸とした政策形成サイクルを回しておりますが、意見交換会といった場を通して評価を受けることもあります市民がどのように会津若松市議

会の議員活動・議会活動を評価するのか。議員への最終評価はもちろん選挙であります。今やっている議員活動・議会活動の評価が選挙の際の市民の判断基準の資料になり得るものにしたい、そういう思いでやっています。もちろん市民評価をいただくためには、議会情報の公開、見える化を図らなくてはなりません。この見える化も会津若松市議会歴代の議会制度検討委員会でさまざま取り組んできました。議会広報紙の活用から議会白書の作成・配布などです。

なお、議会白書は全部で5万3千部、これは全世帯に配布しました。資料編を除いておりますので、全部で26ページです。皆さまのお手元に入っていると思います。合計金額が約138万円かかりました。1部当たり26円ぐらいです。これを全戸配布しました。

そして、会津若松市議会の最も基調となすのが市民との意見交換会です。同時に、市長への手紙等による市民評価もありますが、それは市民が市長、首長に対してぜひこういうことをしてもらいたいという、小さな1つ1つの事務事業が多いです。もちろん優先順位とか総合評価の中でどのように扱うかということは議会の中でもやりますが、その1つ1つの事務事業の評価についてのさまざまな提言につきましては、政策形成サイクルの中に枝葉の部分では入れますが、大きな根幹をなすものではないということです。

今後の展開についてです。会津若松市議会は議会制度検討委員会に市民委員が入っておりますので市民モニターのような役目を果たしている側面もあります。そういうことが理由ではありませんが、今後、議会モニター制度は採り入れていかなければならないなと考えています。有識者による会議等も必要だろうと思います。

最後でありますが、議会基本条例を作ったときに会津若松市議会が議会改革に向けて掲げた目標は全部で24ありましたけれど、今現在は16の目標になっています（図4）。具体的検討事項として1番から16番まで、それぞれ担当

図4　今後の議会改革について

今後の議会改革について

基本理念「市民の負託に応えうる、市民に信頼され、市民に役立つ真の議会を目指して～合議体たる議会づくり～」

基本方針（基本理念を実現する）

1. 公平・公正・透明性の高い運営
2. 市民本位の政策決定、政策検証及び評価の推進
3. 開かれた議会運営の実現
4. 政策提言と政策立案の強化
5. 継続的な議会改革への取り組み

→ 公平・公正な議会運営の推進
→ 透明性の高い議会づくり
→ 議決機関としての適切な政策決定
→ 市民の代表としての適切な監視・評価の推進
→ 市民にわかりやすい議会運営の推進
→ 市民が参加しやすい議会運営の推進
→ 合議体たる議会としての政策提言・政策立案能力の向上
→ 議決責任を踏まえた政策立案の推進
→ 議会改革に係る調査研究の推進
→ 事務局による議会活動支援事業の充実

【具体的検討事項】

1. 会津若松市議会基本条例の適切な運用⑳
2. 政務活動費の透明性の向上⑳
3. 執行機関との緊張感のある関係構築②
4. 二元代表制を踏まえた一般質問のあり方の確認②
5. 自治法改正を踏まえた本会議や常任委員会のあり方②
6. 本会議の中継、会議録の公開②
7. 市議会ウェブサイトの充実②⑥
8. 市民の議会への直接参加②⑤⑥
9. 議会傍聴の推進②
10. 政策討論会（全体会、分科会、議会制度検討委員会）の充実⑪⑬
11. 緊急時における政策提言のあり方の検討⑪
12. 議員（議員・委員会・会派）提出条例による政策立案の取り組み⑪⑭
13. 情報収集・蓄積・提供の充実⑱
14. 議会改革に係る調査研究・研修等の推進⑮⑯
15. 議員個人の能力向上への支援⑮
16. 事務局の能力向上⑱

【検討主体】

→ 代表者会議・議会運営委員会（ほか所管委員会）⑳
→ 代表者会議
→ 代表者会議
→ 議会運営委員会
→ 議会運営委員会
→ 議会運営委員会
→ 広報広聴委員会
→ 議会運営委員会
→ 各政策討論会
→ 代表者会議
→ 各所管委員会等
→ 議会事務局
→ 代表者会議・議会運営委員会
→ 代表者会議
→ 議会事務局

○数字は議会基本条例の関連条文

146

第4章 〈実践報告〉福島県・会津若松市議会

図5　今後の議会改革についての体系図

平成27年10月現在

◎ 今後の議会改革について

基本理念「市民の負託に応えうる議会体たるを目指す議会づくり」 ～市民の課題解決を図る議会として～

基本理念を実現する基本方向

1. 公正・透明な開かれた議会運営
2. 市民本位の政策監視及び評価の推進
3. 市民参加機会の充実による多様な意見の把握
4. 政策提言と政策立案の強化
5. 継続的な議会改革への取り組み

【具体的検討事項】

- 公正・透明な議会運営の推進
  1. 会津若松市議会基本条例に基づく適切な運用
  2. 少数意見にも耳を傾けた議会運営（2人会派の検討、議員間討議の充実）
  3. 本会議の中継、会議録の公開、議会傍聴の推進、ウェブサイトの充実（委員会中継の検討）
  4. 市民との意見交換会等における審議経過及び結果の報告

- 市民とのかかわりやすい議会運営の推進
  5. 定例会後の議会運営委員会総括会議の充実
  6. 常任委員会の所管事務調査を可能とする通年期総合計画等の審査のあり方の検討
  7. 二元代表制解除・質問日数の拡大、所管事項質問（30分延長・一問一答・総括質疑制度解除・質問日数の拡大、所管事項質問対象）

- 議決機関としての適切な審議
  8. 予算決算委員会における予算審査・決算認定の運用の充実
  9. 常任委員会における政策討論会の成果活用の推進
  10. 地区別意見交換会（政策討論会分科会）が中心となった分野別意見交換会の設定とサンマリティングフォローの検討
  11. 常任委員会（政策討論会分科会）の拡充

- 市民の代表としての適切な監視・評価
  12. 請願者・陳情者の説明等の確保
  13. 学識経験者等公聴会制度等の活用

- 市民との意見交換の場の多様な確保
  14. 政策討論会の充実（議員、委員会、会派）にによる条例提案の推進
  15. 正副議長と正副委員長による政策形成に向けての意見調整会の（仮）の検討
  16. 政策提案能力の向上を図るための議会全員を対象とした研修等の実施

- 専門的な知見等の活用
  17. 広報機能の充実強化による議会改革案等の説明・PR
  18. 議会活動に対する市民評価の検討（アンケート調査、市民モニター）

- 議会活動（政策提言・立案等）の評価とPR
  19. 情報収集・蓄積・提供の充実
  20. 議会改革に係る調査研究の推進

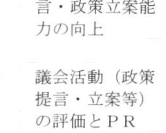

- 議会改革に係る調査研究の推進
  21. 事務局の能力向上

- 事務局による議会活動支援事業の充実

【検討主体】

→ 代表者会議・議会運営委員会等
→ 代表者会議・議会運営委員会等
→ 議会運営委員会、広報広聴委員会
→ 広報広聴委員会

→ 議会運営委員会
→ 議会運営委員会
→ 議会運営委員会

→ 議会運営委員会・各所管委員会等
→ 各所管委員会等
→ 広報広聴委員会等、政策討論会分科会
→ 各所管委員会、各常任委員会、政策討論会各分科会

→ 各所管委員会等
→ 各所管委員会等

→ 各所管委員会、会派
→ 各政策討論会・所管委員会等
→ 代表者会議

→ 広報広聴委員会、政策討論会
→ 広報広聴委員会

→ 議会事務局
→ 議会運営委員会・代表者会議・議会事務局

→ 議会事務局

147

する主体がございます。議会制度検討委員会はこの全体を見ながら、活動量の調査を踏まえて、そして目指すべき議会像を現在、探っているところでございます。

　なお、平成27年8月の改選により、新議会における「今後の議会改革について」が取りまとめられ、新たな具体的検討事項（21項目）が設定され、それぞれの検討主体のもと取り組みがはじまっています。(**図5**)

質疑応答

政策形成サイクル（総論）で、課題を設定する委員会は？

○参加者Ａ　政策形成サイクル（総論）で、課題を設定するのが広報広聴委員会としていらっしゃいますが、例えば常任委員会あるいは全員協議会とか、つまり広報広聴委員会自体の組織でもあり得るのではないかと思いますがいかがでしょうか。

○横山　課題の設定はあくまで広報広聴委員会が行います。意見交換会が終わったあとに、広報広聴委員会で出された意見を全部分類し、それぞれの分科会、第１分科会から第４分科会、議会制度検討委員会に送られてきます。

　そして、送られてきたことを今度は分科会の中で、これは非常に緊急性があると判断した場合には、例えば総務分科会の中での対応ということも起こってまいります。実際に、政策討論会の第３分科会が分野別意見交換会を会津若松の生涯学習センターで午前と午後に分けて２つ回行うということもあります。午前中は農業林業の関係の方々、午後は観光、商業関係の方々と、3.11以降の復興がまだまだ進まない、何とかしてくれということで強い要望が議会に来ましたので、地域経済活性化、地域産業の維持育成を研究課題としている第３分科会が主体となって、分野別意見交換会を行う、という例になる場合もあります。

議員全員協議会の位置づけと機能は？

○**参加者A**　全員協議会の位置づけ、あるいはそれはどういう機能を持たせていますか。

○**横山**　全員協議会というのは、もちろん当局要請の説明ということが原則であります。ただし、我々は全員協議会のほかに、政策討論会全体会という全員協議会と同様の組織があります。議会として全員が集まるということからすれば、4つの分科会プラス議会制度検討委員会で、市民にお返しをしなければなりません。どういう内容でお返しをするのかということと、分科会のメンバーはほかの分科会の内容を知らない場合が往々にしてありますので、4つの分科会の内容を全議員のものにしないと、30人の議員が、地区に意見交換会に入っていくわけですから、そんな意味で全員で確認をしたり、共通認識を図るために集まって全体会で議員間討議をしたり、政策討議をしたりします。そのような集まり方をして共通認識を図る場合が結構あります。

議会活動と議員活動の違いは？

○**参加者B**　私たちは、今日いろいろ発表された議会との格差を強く感じております。その中で議会活動と議員活動のあり方ですが、私は議会活動というのは、議会全体が取り組む課題に議員さんがそれに集中してやりますよというのが議会活動だと思っています。また、議員活動というのは、個々のいろいろな政党とか各個人の後援会のための議員活動というふうに私は線引きしているのですけど、会津若松さんは

そこら辺がニュアンスが違うので、改めてどういう認識なのですか。

○**横山**　会津若松市議会は、実は第2期の、今から4年前ですけど、報酬と定数のモデルを作るときに議員活動とはどこまでを言うのかということを、範囲の設定を行いました。その範囲の設定をするにあたって、私たちはＡ・Ｂ・Ｃ・Ｘの4つの領域を作りました。Ａというのは自治法に基づく会議です。Ｂというのは会議規則に基づく会議、自治法に準じています。Ｃというのは、Ａ・Ｂの会議に参加し内容のある会議にするために、自分がその会議に出てどのような立ち位置で審査をするのかということを準備するための活動です。したがって、そのＣの活動の中には当然会派の活動があるし、個人の活動も入ってまいります。そして、Ｘの活動というのは議員個人個人が、例えば市の行事に参加をしたとか、あるいは市の行事ではなくても自分自身が地区の行事に呼ばれてその地区の代表からさまざまな話を訴えられたとか、あるいは要望があってその要望の対応の仕方を教示したとか、これはＸ領域に含めます。したがいまして、政党活動、あとは組合の活動とか、そういう支持母体の活動については、実は公務性のある議員活動には入れておりません。したがって、私たちが判断する議員活動の量は、以前モデルを作ったときには365日のうち1日8時間労働に換算して169日が活動量としましたが、その後ちょっと修正があって154日がモデル値になったものです。昨年の調査では118日という、ガクッとボリュームが下がった結果が出ました。政党の活動とか自分自身の後援会活動は残りの200日で、議員の皆さん一人ひとりがやっている。だから、会津若松ではそういう活動は公務には入れておりません。

議会報告会の進め方は？

○**参加者C** この「見て　知って　参加するための手引書」は、議会と市民の距離感をすごく一体化するものだと思います。もう1つ、議会報告会、私どもも2回ほどしているのですけど、いつも予算の報告とか決算の報告とか、そういう行政のための報告をやっているのですね。それで会津若松さんはいろいろ地域性のある報告会をされているというのですけど、簡単にレクチャーしてください。

○**横山** 地域性というのは、会津若松は山間部の地域もあり、農村部もあり、まちなか、中心部もあり、観光地もある。人口わずか12万ですが、非常にさまざまな地域の特性があります。地域によっては子どもの数が少なくなってきて保育所、幼稚園、小学校をどうするんだという課題から、まちの中に行きますとごみ問題、道路問題となってくる。一方、昔ながらの城下町ですから、商人気質のある場所に行くと、そこでは地場産業をどうしてくれるんだ。皆さま方も同じだと思いますが、地区地区によって違います。そこで出てくる意見を私たちはブツブツと、それ1回きりで終わっていないわけです。

　つまり次の班がその地区に意見交換会で入るにあたって、半年間何をやっていたか、出された声に対してどのように調査をしたのかを報告しにもう1回伺うし、もちろん結果の報告は1ヶ月以内で調査書は出します。しかし、改めて半年後に「その地区の課題に基づいて、今このように皆さま方の課題はこうなっています。途中経過はこうであります。我々議会はどの分科会でこのように議論がされました。あるいは、だれだれ議員が個人的な質問でやりました」とか、ありとあらゆる情報を共有して事前に準備

をして、前の班からの引き継ぎをやります。引き継ぎだけで２、３回やりますから５、６時間かかります。そして、終わったあとにはまた次の班への引き継ぎがありますから、また１回か２回の会議をやって、引き続いてやっていきますから、その地区の課題は共通して少しずつ上がっていけるというシステムになっております。

(横山　淳)

第5章

〈実践報告〉岩手県・滝沢市議会

自治体・議会の紹介

(1) 滝沢市の紹介

　滝沢市は、平成26年1月1日に全国で813番目の市として市制移行しました。『人口日本一の村』から『住民自治日本一の市』をめざす壮大なビジョンを掲げています。

　滝沢市は、岩手県の県庁所在地である盛岡市の北西部に位置し、東西約14、南北約20、総面積182.46のベッドタウンです。市役所は中央部に位置し、盛岡市中心市街地から8の距離にあります。みちのくの初夏の風物詩チャグチャグ馬コの発祥地であり、馬返し登山口は岩手山の表玄関として知られています。平成10年に岩手県立大学が開学し、大学、試験研究機関が集積する岩手県における研究学園地域を形成しています。平成12年2月15日に人口5万人を達成し、人口日本一の村となり、以来人口は微増を続け現在約5万5千人となっています。

- ●人口…平成27年4月1日現住人口55,058人、
  （高齢化率は20.8％）、世帯数は22,028世帯。
- ●財政状況…平成27年度当初一般会計予算20,520,000千円。
  財政力指数0.55（平成26年度）。
- ●産業別人口…第1次産業1,374人（5.2％）、
  第2次産業5,683人（21.5％）、
  第3次産業19,421人（73.3％）（平成22年国勢調査による）
- ●特産品…スイカ、りんご、いわななど

(2) 滝沢市議会の紹介

- ●議員定数…20人、平成27年4月1日現在の現員数20人
  （男性18人、女性2人）。
- ●年齢別議員構成…50代5人、60代10人、70代5人、平均64.3歳。
- ●常任委員会…5委員会（総務教育、環境厚生、産業建設、予算決算、広聴広報）

- **●会派制**…２人以上を会派としており、現在５会派。
- **●地方自治法第 96 条第２項の議決事件の拡大**…滝沢市議会基本条例第16条で積極的に議決事項の追加を検討すると規定していますが、具体的な議決事項の追加はまだありません。
- **●議員提案条例（政策条例）**…滝沢市議会基本条例第３条で積極的に政策提案を行っていくこととしておりますが、具体的な政策提案はまだありません。
- **●議会基本条例の制定の有無**…平成25年12月定例会において賛成全員により制定されました。滝沢市議会では、議会基本条例を地域経営の仕組みのひとつとしており、議会基本条例に基づく議会活動は、市民の福祉向上が最終目的で、市民との協調の下にまちづくりを推進していく必要があるため、「開かれた議会」、「市民とともに歩む議会」、「行動する議会」をめざしています。他自治体の条例と比べて特徴的なものとしては、通年議会、市民議会、市民懇談会、政策討論会、自由討議、政策検討会、議員連盟、議会モニター、議会サポーター、議会アドバイザー、議会評価が規定されている点があげられます。
- **●投票率**…市長選挙～平成26年11月（51.15％)、平成22年11月（無投票）

  市議会議員一般選挙～平成23年7月（50.50％）、平成19年4月（56.15％）
- **●議会事務局職員数**…定数6人、平成27年4月1日現在の現員5人（局長含む）。

滝沢市議会報告内容から（議会改革の到達点）

(1) はじめに

議会改革の変遷を振り返ってみますと、図1のように大きく3つのフェーズに分類されます。改革初期は、行政評価を中心としたNPM（ニューパブリックマネジメント）の台頭とともに議会の中にも揺らぎが起き、議場の中の物理的な改善や議会運営上の方法の見直し等、業務の改善が行われた時期でした。

図1

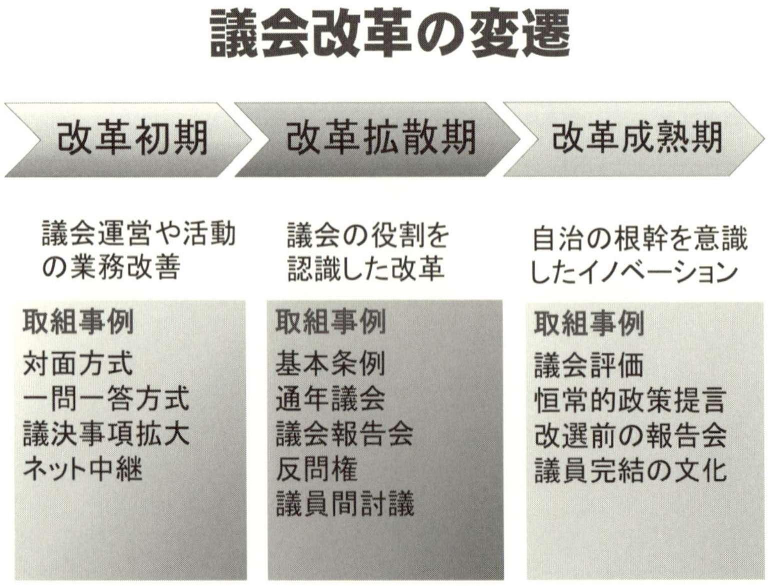

議会改革の変遷

改革初期	改革拡散期	改革成熟期
議会運営や活動の業務改善	議会の役割を認識した改革	自治の根幹を意識したイノベーション
取組事例 対面方式 一問一答方式 議決事項拡大 ネット中継	取組事例 基本条例 通年議会 議会報告会 反問権 議員間討議	取組事例 議会評価 恒常的政策提言 改選前の報告会 議員完結の文化

その後、改革拡散期へと移り、北海道栗山町議会の議会基本条例制定とともに議会の役割について見つめ直しながら、各地で議会基本条例が制定されていきました。そして、一部ではすでに移行しつつありますが、議会改革を評価して議会の役割を定点観測しつつ、市民の福祉向上に役立っているかという自治本来の目的を意識したイノベーションの時期、この段階はある意味で改革成熟期といってもよいと思います。このフェーズでは、議会を評価しながら改革を継続しています。

(2) 滝沢市における自治を考える文化の芽生え

滝沢村（当時）は、平成 12 年にＩＳＯ14001及びＩＳＯ9001の認証を受ける取り組みを経て、経営品質向上活動に取り組みました。行政がサービスを展開するにあたっては、リーダーシップや環境分析、基幹部門、支援部門の役割、情報の共有、成果の確認などの基本的なフレームを共有することが求められること、また、滝沢村として住民の皆さんにどんな価値を届けるために仕事をしているのかという「価値前提」の考え方を取り入れてきました。その一連の取り組みとして、平成 14 年に「幸せ地域社会」の実現を目指し、行政経営理念を制定しました。また、平成 17 年 3 月には住民の暮らしに着目するとともに、住民協働で第 5 次滝沢村総合計画を策定し、「地域は、地域のみんなでつくる」をスローガンに各種施策を展開してきました。これらの取り組みは、平成 18 年の日本経営品質賞受賞という成果により、全国の自治体に顧客志向の自治体として、その名が知られるようになりました。

(3) 滝沢市議会の改革の動き

　滝沢村議会（当時）も、平成12年3月に質問席を対面方式に改めるという改革に着手して以来10年間で会派制の導入、一問一答制の採用、各種団体との懇談会実施、議会報告会の開催等々個別具体的な改革を進めてきています。これらの取り組みが評価されて平成21年度全国町村議会議長会特別表彰をいただきました。

　その後、平成23年の東日本大震災のため3か月任期が延長されて行われた村議会議員選挙後の議長選挙において、所信表明で「議会基本条例制定」を表明した議長候補者がいたことから、その後の基本条例制定が一挙に進みました。個別のテーマごとに改革してきていた実績と各会派が全国の先進地を視察し、改革メニューや取り組みのポイントを理解していたことが奏功し、取り組みに拍車をかけました。

　通年議会を採用して定例会議を年6回とし、予算決算常任委員会には3つの専門委員会を設置しての審査、難しい議員間討議への挑戦を重ねながら少しずつではありますが、「人格を持った議会」へと進化しつつあります。

(4) 滝沢市議会がめざす状態

　改革をしていくためには、ビジョンが必要です。どのような状態をめざすのかという共通認識のもとに行動していかなければなりません。滝沢市議会では、議会基本条例において、胆となるべきものを規定しています。

　まず、議会のミッションとして、「人格を持った議会」として行動すべき役割等を前文で規定しています。また、市民の意思を議会に反映させるためのツー

ルとして議会モニター、議会サポーター、議会アドバイザーを委嘱するほか、市民議会、議会報告会、市民懇談会さらには特定のテーマに絞った政策討論会を開催することとしています。従来からの仕組みとして存在する、参考人制度、公聴会制度等も有効に活用し、特に請願、陳情については市民の政策提案と位置付けています。

　これら一連の意見聴取活動、マーケティング活動を経て議員間の自由討議を行い、議会としての合意形成のプロセスを市民に公開することとしています。この合意形成プロセスは、統合度の高い意思決定に直結するだけでなく、市民の多様な意見を顕在化できることから採決の結果とは別にプロセスに対する市民の満足を高めることが期待されます。

　「滝沢村が日本一の村から住民自治日本一の市をめざす」として市制移行を進めたことから、滝沢市議会も日本一の住民自治を実現するにふさわしい議事機関をめざさなければなりません。

　滝沢市議会は、多くの改革、改善テーマが存在する中、同じ志を持って取り組んでいる全国の議会を参考にしながら卓越した議会をめざしています。改革スパンは、改革項目の内容によって様々で、細分化しながらステップアップしていくこととしています。基本条例に規定した改革のエンジンは、議会の状態をその都度測定するために行う「議会評価」とそれを推進するための仕組みである「議会改革推進会議」です。

　議会が変われば市民も変わります。従って、改革されるレベルは、市民の意識の変化と相まって年々スピードアップすると予想されます。何をやればよい、ではなく、市民が求めている未知の状態、他の先進議会がやれていることなどをベストミックスしながら改革のスピードを上げ、範囲を拡大していく必要があります。

(5) 議会の意思決定について

　議会の意思決定について、これまでの変遷を考えてみたいと思います。

　これまでの議会は、提案された議案を審査して議決するという意思決定行為を中心に活動してきています。市民の価値観が多様になり、いろいろな意見が顕在化するようになると、議会の使命はより高度なものへと進化してきました。独自のマーケティング活動から政策を立案し、代案として提言することも必要になります。また、議案審議の中でより内容を具体的に分析評価し、市民の疑問や誤解を解くような質疑、討議、討論を行わなければなりません。それを実現するためのツールとして、一問一答方式の採用、答弁者への反問権の付与等を行っています。

　図2のように、かつて分権一括法施行以前は、市民の生活情報や地域情報は一定程度把握していたものの、議案として出てくるものは中央省庁からの財源付きメニューに基づく政策や事務事業が多かったわけであります。このことから、行政から提案される議案を行政から提供される情報によって判断をすることが多かったということになります。

　その後、図3のように議会は広聴活動を展開するようになりました。議会報告会は当初、議会側からの報告内容が半分程度、その後に地域の声、市民の声を直接聞くような方式で行われました。

　この段階では、行政から提案される政策や事務事業について、市民の目線で質疑をするようなケースが散見されるようになり、徐々にではありますが議会が変わってきています。

　その後、さらに広聴活動が充実しますと、議会報告会だけでなく市民懇談会等の分野別の意見聴取活動も行われるようになりました。地域的な要因だけで

図2

議会活動の進化（追認監視）

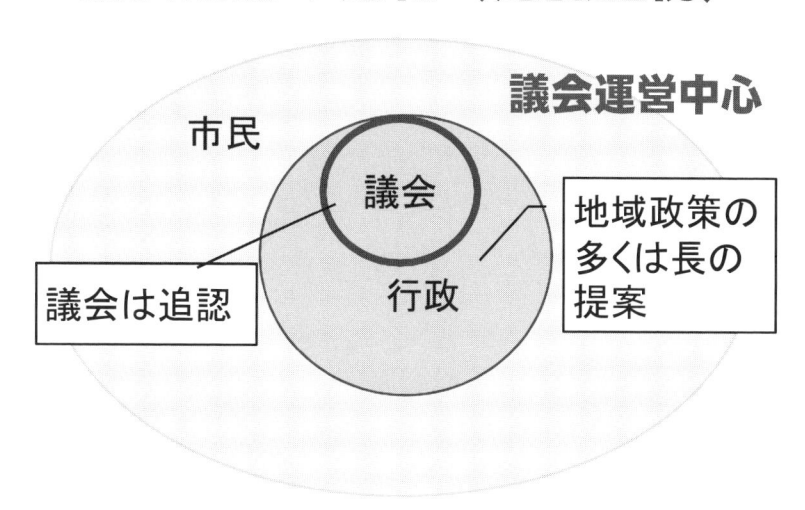

議会運営中心

市民

議会

行政

議会は追認

地域政策の多くは長の提案

図3

議会活動の進化（広聴充実）

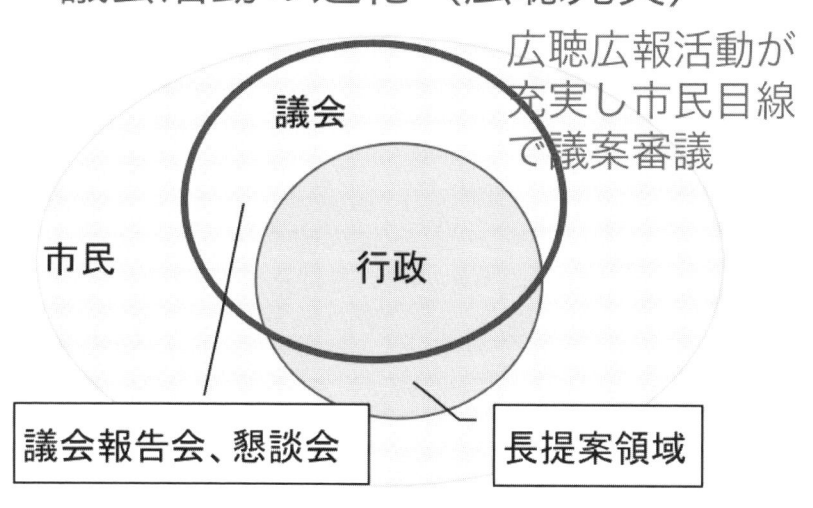

議会

市民

行政

広聴広報活動が充実し市民目線で議案審議

議会報告会、懇談会

長提案領域

図4

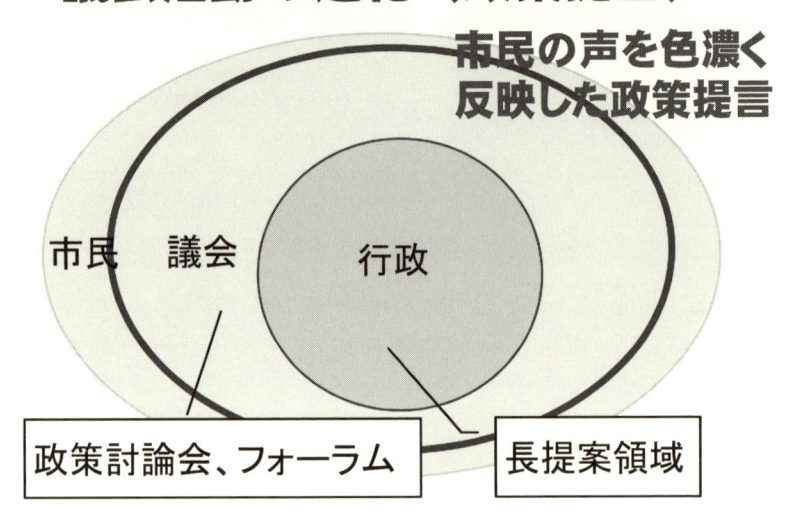

議会活動の進化（政策提言）
市民の声を色濃く反映した政策提言

市民　議会　行政

政策討論会、フォーラム　　長提案領域

なく、分野別の横断的な政策課題等も浮き彫りになるなど市民に近い状態がうっすらと見えてきたのであります。

　この段階ですと、行政組織から提案される議案に対し、議会活動の中から入手した情報をもとに、市民目線の政策論議が可能となってきます。

　すなわち、各団体の活動領域や地域の個別課題を認識できるレベルで意思決定が可能となります。

　図4のように、議会がさらに市民に近づいた状態を求めますと、報告会や懇談会等で浮き彫りになった政策課題について市民と議会が直接意見交換をする政策討論会やフォーラムを行うようになります。このレベルになりますと、行政から提案される議案について、市民のより広範で多様な意見を統合した合意形成を行うことが可能となります。このレベルでは、政策提言が比較的容易になると考えています。

(6) 議員間の自由討議について

次に、議員間の自由討議についてご紹介します。滝沢市議会基本条例では自由討議を基調とした合意形成と意思決定を行うこととしています。これまで、議会では議案に対する質疑のあと、採決前に討論が行われるのが通例でしたが、同じ結果が出るにしても、その結果に到達する過程の中で市民の声を代表するより多くの議員による議員間の自由討議が行われ、少数意見も尊重される仕組みの中で統合度の高い意思決定が行われることが重要です。

図5のように、ダイアローグは、できるだけ多くの人に発言の機会を与え、多様な意見を顕在化させ、A案かB案かという議論ではなく、A案にはこのような問題があり、B案にはこのような問題がある。それを聞いていた別の人が、

図5

議員間討議への取組み

ディベート（討論）	ダイアローグ（対話）
自分が正しい	他にもアイディア
相手に反論	否定せず、協調
勝つ	良い解決策
あれかこれか	結合改善

両者でないC案について提案する。といったように、どちらを選ぶかではなく、選ぶとしたら何を基準にすれば良いか、その基準の決め方によっては第3の答えがあるかもしれない。このように、ダイアローグは発展性のある前向きな会話であることから、組織を活性化させることができます。

ダイアローグのメリットとしては、このようなプロセスを参加者全員が共有することで、気づきが生まれ、より本質的な追求をしようとする雰囲気になっていくことであります。

手段だけの議論ではなく、目的、目標はこれで良いのか、そうであれば何をどのようにするのが最適な方法なのか、多くの市民に理解と納得をしてもらえるような議論展開をすることが可能であります。ただし、ある程度慣れていないと討論になって議論が終わってしまいます。ファシリテーションスキルのある人が進行することが必要となってきます。

対話と訳されるダイアローグは、「人格を持った議会」が、より多くの市民の声を議員の発言によって顕在化させ、統合度の高い結論を導き出すための有効な手段です。

そして、このプロセスは極めて重要です。

(7) 統合度について

統合度が高いとか、低いとかという意味はとても大切な要素です。議会として意思決定する場合は、議会の責任において大所高所から判断しますが、意思決定に至るプロセスではできるだけ多くの市民の考えを理解していることが必要です。議会独自の広聴活動等を踏まえて、議員間による自由討議を繰り返しながら、市民の思いにできるだけ近づき、その上で意思決定をすることになります。

この議員間の自由討議が全く行われない場合は、図6のように、執行機関への質疑だけで意思決定をすることになり、追認監視型の議決プロセスを辿ることになります。

図6

統合度の低い意思決定

市民の思い　議員間討議　議会の意思決定

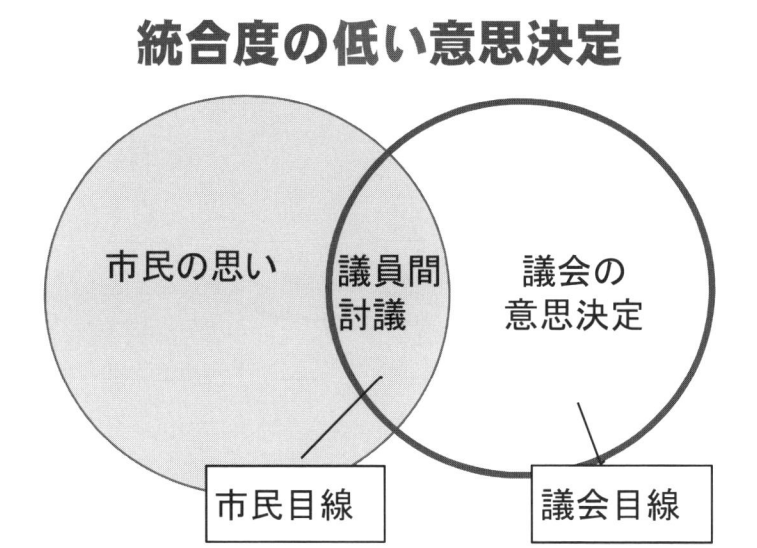

市民目線　　議会目線

　一方、議会の広聴活動がより活発になり、議会独自の政策サイクルが回り出してきますと、図7のように、市民の思いを前提とした行政ニーズが浮き上がってきます。このような状態の中で議員間討議が行われますと、より多様な市民の思いが顕在化されます。この多様な市民の思いを議員間討議で明らかにし、選択すべき政策や事務事業を議論することになりますので、市民の思いが統合された状態で意思決定されることになります。
　議決結果には不満があったとしても、その議論の過程では、いろいろな市民の思いが顕在化され、統合されていますのでプロセスについては満足をしてもらえる可能性が高まります。議会が市民の声をくみ取り、全体最適な意思決定

図7

統合度の高い意思決定

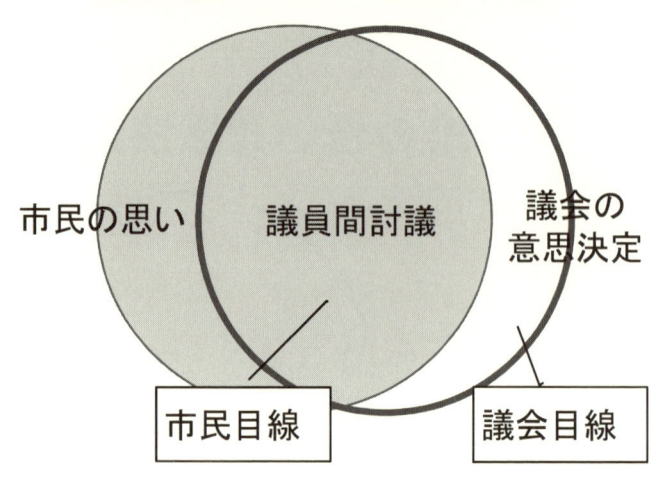

市民の思い　議員間討議　議会の意思決定

市民目線　議会目線

をすることは自治の仕組みとして健全な方向に向かうものと考えます。この議員間の自由討議が盛んに行われることで、市民の意思が反映された政策提言型の議決プロセスを辿ることが可能になるものと考えています。

(8) 議員間討議導入の試みについて

　議員間討議を導入するため、滝沢市議会ではいろいろな場面で実施を試みてきています。
全員協議会、予算決算常任委員会、次期総合計画調査特別委員会などで試みてきています。
　ここでは、全員協議会での実例についてご紹介します。
　滝沢市内である問題が発生しました。議会では、この事案に対し、調査のた

めの特別委員会を設置するべきではないかという意見と特別委員会を設置するのではなく、執行機関の調査結果の報告を受けながら、再発防止等を常任委員会で検討してはどうかという意見等がありました。そこで、いきなり特別委員会設置の是非を問う前に、市民がいま議会に何を望んでいるのか、議会はいま何をするべきなのか……これらについて議長の仕切りで自由討議をすることとしました。

結果は、1回目は討論に終わり、2回目でややダイアローグに進化し、3回目ではあらかじめ論点を整理するため、議会として対応すべき内容を各議員からペーパーで提出してもらい、これを整理しながら意見交換をしました。その結果、**図8**のように各議員の問題認識が浮き彫りになってきたのであります。

議員間の自由討議は、公開で実施しましたので多くの報道各社が取材に入り

図8

議員間討議の実例

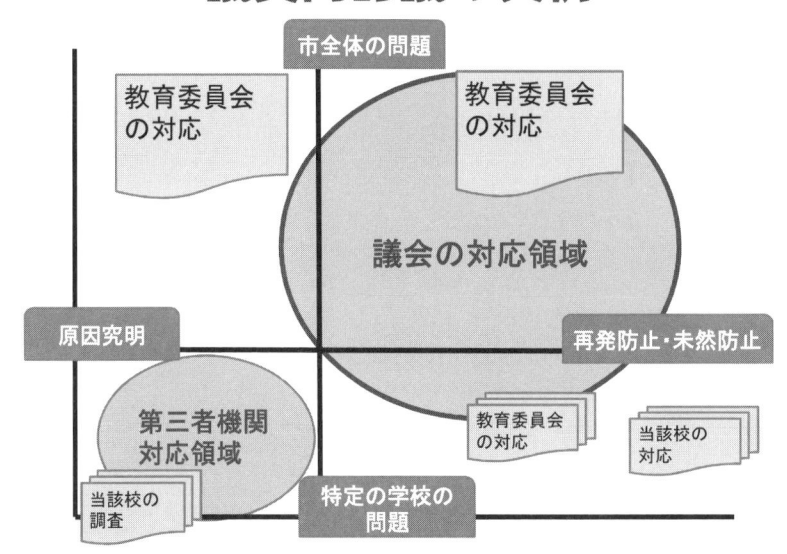

ました。各議員の発言は、市民の意見を踏まえたものや議会としての責任を確認するものなどいずれも説得力のある発言ばかりでした。これらの意見を4つの象限に分類して整理してみたところ、一定の方向性があることがわかりました。出された意見の多くは、特定の中学校の問題として原因究明をするというものではなく、市全体の問題として再発防止や未然防止の観点から取り組むべきであるというものでした。

　これを受け、この時点における調査特別委員会設置は見送られました。議長から市民に見える形で執行機関に質問をぶつけてほしいとの要請もあり、目前に迫っていた9月定例会議の一般質問で6人の議員がこの問題を取り上げております。

　議員間討議は慣れていないこともあって、なかなか難しいといわれています。各議員は、ディベート・討論においては、百戦錬磨の経験を有しているもののダイアローグとなるとほとんどの議員は経験が無いのが実態です。執行部への質疑が中心だった議会は、議員間の討議によって市民の意思を反映していく議会へと変わっていかなければなりません。

　そのためにも、議会の中にファシリテーションのスキルをもった議員を発掘育成していかなければなりません。コミュニケーション能力の優れた議員がこれからの議会には不可欠であり、そのための学習環境の整備も求められています。また、一定の物品なども備える必要がありますが、キーファクターとなるのは「話しやすい雰囲気」です。議員個々のダイアローグに向き合うスタンスを進化させていかなければなりません。

(9)　コミュニケーションする議会へ

　委員会は従来賛否を明確にするための討論は行なっていますが、それ以前の

対話としてのプロセスが希薄だったり、あるいは欠落したりしていました。専門性を重視する分野別の常任委員会だけでなくて、多様性に注目した常任委員会も必要となってきています。本会議にしましても、委員会にしましても、協議・調整の場にしましても議論の仕方が問われてきています。いきなり賛否ではなく、できるだけお互いの発言を尊重し、結合改善をしながら、第3の答えを導き出すような対話が必要になってきています。

(10) 通年で活動する議会へ

今なぜ通年議会か。市民の立場に立ってみますと、図9のように市民生活は365日動いていますし、行政もほぼ毎日動いています。議会も閉会しているわけにはいきません。市民の生活に直結した議会として通年で活動していこう

図9

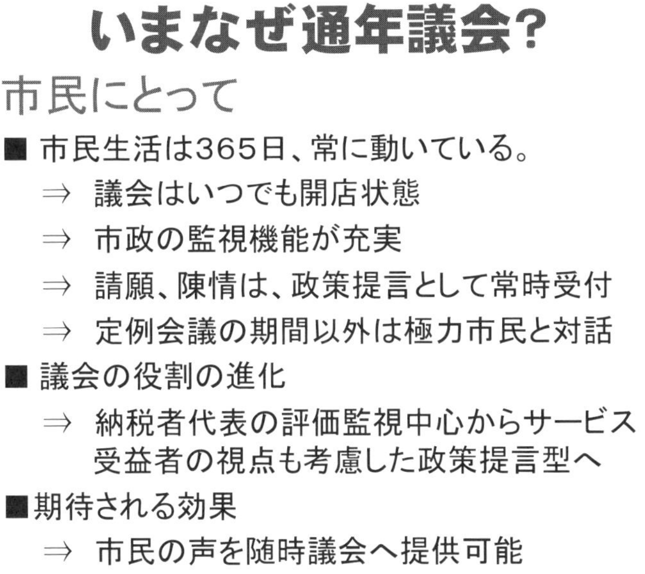

いまなぜ通年議会？

市民にとって

- ■ 市民生活は365日、常に動いている。
    - ⇒ 議会はいつでも開店状態
    - ⇒ 市政の監視機能が充実
    - ⇒ 請願、陳情は、政策提言として常時受付
    - ⇒ 定例会議の期間以外は極力市民と対話
- ■ 議会の役割の進化
    - ⇒ 納税者代表の評価監視中心からサービス受益者の視点も考慮した政策提言型へ
- ■ 期待される効果
    - ⇒ 市民の声を随時議会へ提供可能

と、議員全員の賛同のもとで通年議会に移行することにしました。

　また、議会にとっても、**図10**のように政策提言型議会への標準装備として持続的な政策サイクルを回すことが可能となります。ただ、この通年議会には仕掛けが必要です。ほとんどエンジン機能は委員会、あるいはいろいろな活動の調査に移行していきます。毎日、本会議ではないわけです。そうした委員会のあり方、委員会のマネジメントの仕方、委員長の仕切りの仕方、それをサポートする事務局のサポート体制等についていろいろと仕掛けや仕組み、さらには文化も構築していかなければなりません。そして、一番大切なのは各議員の公務に対する使命感、責任感の再確認であります。どこまでが議員活動で、どこまでが議会活動か、そういうことを常に自問自答しながら活動していかなければなりません。

　滝沢市議会は年6回の定例会議、1月は招集ですので、特に議案がなければすぐ終わりますが、2月に一般質問、3月は施政方針と各会派からの代表質問、そして予算審査。6月、9月、12月は従来の定例会の会議のイメージです。

図10

いまなぜ通年議会?

議会にとって

- 政策提言型への標準装備
  - ⇒　議会からの政策サイクルを持続的に回す
- 迅速な意思決定
  - ⇒　定例会議の期間以外でも柔軟に会議再開
  - ⇒　議長、委員長のリーダーシップ必須
- 期待される効果
  - ⇒　市民の声を随時議会へ提供可能

こういう形で定例会議が行われ、その合間に各所管事務調査やいろいろな調査活動等が行われています。

(11) 住民福祉の向上のための改革

議会は、追認監視型から、政策提言型へと進化していかなければなりません。政策提言のためには、地域の実態を理解し、問題を浮き彫りにしていくプロセスが必要になります。

いろいろな機会を通じて、市民の声、ニーズを掘り起こしていくことが大切になります。

基本条例では、住民の負託に応えていくため、住民との距離が限りなく近い議会をめざして各種のツールを設けています。議会報告会は年1回以上の実施を義務づけていますし、各種団体で事務局を有している団体を対象として市民懇談会を開催しています。このプロセスは、政策をマーケティングするプロセスです。このプロセスを継続的に実施するために滝沢市議会では基本条例で通年議会とすることを規定しています。

通年議会ですので、本会議が開催されない時期は広聴広報活動や各委員会の活動が活発に展開されます。このことにより、各常任委員会での調査結果や決算審査の結果を政策提言に反映させたりすることが可能となります。

議会改革は目的か手段か……そもそも何のために……という青臭い議論をしないままに基本条例制定や通年議会への移行を議論している例が散見されます。行政の執行機関にしても議事機関にしても、究極の存在意義は地域福祉の向上であり、そのための議会改革、議会評価であります。地域のために役に立つ優れた議会を実現するため、いろいろな仕組みを作ったり、行動したりすることが議会改革であります。上位方針をしっかり議論し、ぶれない目的を明確

に共有したうえで手段については大胆に妥協もするといったようなイメージ合わせが重要であると考えています。

(12) 議会改革から議会評価へ

議会基本条例の制定が全国に拡散する中で、一部では議会の評価、議員の評価をしています。議会改革の内容やその成果を評価して議会の役割を定点観測しつつ、市民の福祉向上に役立っているかという自治本来の目的を意識したものです。

議会を評価するタイミングとしては、図11のように当選後の初議会から定例会ごとの評価、1年ごとの評価、2年目の評価、4年目の評価等が想定され

図11

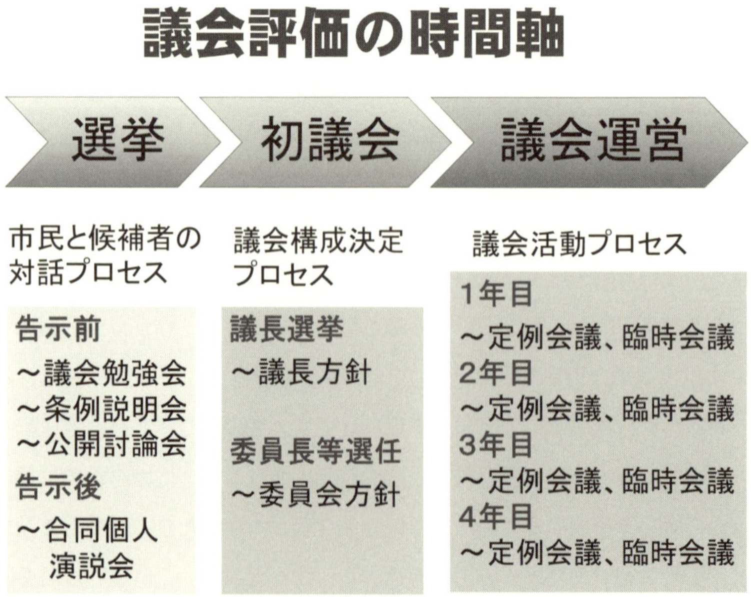

議会評価の時間軸

選挙 ＞ 初議会 ＞ 議会運営

市民と候補者の対話プロセス
告示前
〜議会勉強会
〜条例説明会
〜公開討論会
告示後
〜合同個人演説会

議会構成決定プロセス
議長選挙
〜議長方針

委員長等選任
〜委員会方針

議会活動プロセス
1年目
〜定例会議、臨時会議
2年目
〜定例会議、臨時会議
3年目
〜定例会議、臨時会議
4年目
〜定例会議、臨時会議

ますが、次の改選前の時期に市民や未来の議員候補者に向けた評価結果の説明が必要ではないかと考えています。

　議員は、選挙プロセスを経て議員に就任しますので、この選挙プロセスも含んだ一連の評価結果を情報提供することで立候補への環境をより公平にすることができるのではないか、また、副次的な効果として投票率の上昇、さらには住民自治の深化にも寄与するものと考えています。

　現在、民間機関等が議会改革ランキングを行っていますが、その評価基準は外形評価と捉えています。改革した結果がどれだけ市民福祉の向上につながったかという視点での評価にはなっていないと捉えています。基本条例を制定する後発組がフルセットの条例を整備すれば結果としてランキング上位になる可能性もありますが、大切なのは市民福祉の向上に寄与しているかどうかです。

　滝沢市議会では、ランキングの順位は順位として、外形評価からクオリティー評価に移行するための作業に着手しています。市民に約束した基本条例の内容が守られているのか、その結果市民の暮らしや福祉の向上にどれだけ役立っているのか……といった難しいながらもとても大切なテーマに挑戦しています。

　何を評価するのかですが、「やりたいと思っていること」（ビジョン）をまとめて「やるべきこと」（議会基本条例）として市民に約束していますので、これを「実際にやっていること（議会運営、議会活動）」として評価すること、そして「やった結果（成果）」がでているかを市民の視点で評価することです。

　評価の視点は、何をやったかでなく、どんな価値を提供したか、そのためにどのような努力をしたかです。

　これから「何をやったか」から「どんな価値が得られたか」という議会に変わっていかなければなりません。議会改革だけではなくて議会評価をしっかりと頭の中にインプットしながら改革をしていく。その改革というのはあくまでも議会の考え方、行動パターンを徐々に進化させていく。その中で当局から提

案されてくる議案を審査し、審議し、そして意思決定していく。執行機関からの提案に不足があると判断すれば、自らの調査研究の成果を基に提言する。そのプロセスを市民に公開していくということであります。この議会改革は議会内部の組織のあり方の変革、そしてその環境整備でありますが、議会評価は、この議会改革による状態をその都度測定すること、その結果出てくる成果、測定しながら次はどんな課題があるのかということを見定めて、常に次なるロードマップ、道筋を考えていくということだと考えています。市民目線による存在意義の評価。我々議会はどういう役割が求められていて、今どういうことをするべきなのかという高い立場からの市民目線での考え方。そして、部分最適から全体最適へ。市全体として今一番重要なのは、どういう論点で議論することなのか。議会は今どういう結論を出すべきなのか。あるいは、結論を今出すべきでないのか。そういうことを全体最適という観点から考えていく必要があります。

　従来の「議員の集合体」としてのイメージから「人格を持った議会」へと大きく脱皮していかなければなりません。個々の問題、事実前提による採決から価値前提、我々は何をなすべきかというより上位の課題解決に向けた考え方に移行していかなければなりません。そして、採決の前には必ず統合度の高い討議を繰り返しながら、多くの市民から「そういう経過があって、この結論があるのであれば納得する」と言っていただけるようなプロセス満足も市民に十分与えていかなければいけないと考えています。

　議会改革は、新たなステージへと移ってきています。改革自体が目的なのではなく、議事機関として地域福祉の向上に役立っているのかが重要です。住民自治は住民が主体で、その住民の代表者が議員であり議会です。住民自治日本一の市をめざすための責任を分担していかなければなりません。そのために毎年、議会評価を行いながら議会の果たすべき役割を果たしているか定点測定を

していくこととしています。

(13) 議会事務局のイノベーション

　議会が変わるには、議会事務局が変わらなければなりません。議会そのものが追認、監視型から提言、発信型へと進化し続ける中、従来の保守的で、固くて、間違いのない事務局では議会は変わりません。いわれたことだけを忠実にこなす、後方支援部門というイメージから、政策を開発し発信していくための調査や立案プロセスでのダイアローグなどビジネスパートナー的な役割へと進化が求められています。人格をもった議会は、新しい発想や先進事例のリサーチ、マーケティングなどこれまで必要としてこなかった新しい機能を資源として確保しなければなりません。外部からのシンクタンク機能、内部からのシンクタンク機能、それぞれ、いろいろな手段を駆使して行かなければならない中、議会事務局は、最も身近で信頼できるシンクタンクへと進化を遂げなければなりません。議長を頂点とする議員のリーダーシップとそれを補完する事務局の優れたマネジメント機能がベストマッチしながら卓越した議会が生まれます。
　議員は、もともと問題意識のある人間の集団であり、一定の理念や目的を共有すれば改革が進む要素は十分あります。議会事務局のイノベーションがはじまると議会本体のイノベーションがより早く、よりダイナミックに進展します。住民の負託に応えていくため、住民との距離が限りなく近い議会をめざして事務局も変わっていく必要があります。

質疑応答

議会の客観評価をどうするのか？

○**参加者A**　議会評価について、私は市民から見た議会の評価が一番必要ではないかと思います。議会が自分からやるのは自己満足度にすぎないのではないでしょうか。かつて一般質問の回数、出席や欠席という客観的なもので評価しましたが、回数でトップの方は内容に問題がありました。だから、回数の問題ではないんだと言われるわけです。また、一部の市議会が議会白書で評価した内容を見ると点数化でなくて○×△です。市民に分かりやすいのは点数化です。いろいろ問題がありますが、客観評価をどうするのかご意見をお聞きしたいと思います。

○**中道**　ありがとうございます。市民の視点で市民が評価するという最終的な目標に向かって進んでいくということは１つの正しい方法だと思っています。ただ、議会が行なっている中身が非常に専門的で、市民の皆さんには毎日の議会の行動を理解してもらえるかというと、非常に難しいところもあると私は考えております。評価の目的は、今どこの位置にいるかということを客観的に数値化することはすごく大切です。その結果、次なる目標はどこに行くのかということを議員自らが自分で気づいて次の状態に挑戦していくことも大切ですので、第三者から見られているだけの、チェックだけということよりも自ら改革していくのだという１つのエンジンになる、モチベーションになるものも必要だという考え方から、まずは自分自

身で自己評価をしていこう。これは日本経営品質賞も自己評価が基本になっていまして、気づきながら、最後は審査員、外部が見るのですよ。そうすると、自分が思っていたことと大きなズレがあって、自分の自覚が足りなかったとか、いろいろなことに気づくわけです。まずは自分で評価をして、そしてグループで合議をして、議会として全体会議を開いて、我々の考えはこうだということを統合化する。その次に第三者機関、これは外部の機関ですので、市民だけという考え方もあれば、有識者、いろいろ詳しい方々が「このぐらいはやれるのではないですか」とか「これはあまりにも論外だ」とか、専門的な視点からの評価、いわゆるドクターのような目で見ることも必要ではないのかなという考え方で現在はおります。

これらの全プロセスを市民に公表していく。そうすると、我々がやっている自己評価で、滝沢市議会は100点をつけました。でも、第三者機関は80点だった。それではお手盛りではないか。それらを市民に公表しながらやっていくということで透明度を高め、説明責任を果たしていけないものかと考えているところです。

組織としての人格をちゃんと持ち合わせているかどうか

○**参加者B**　うちの議会は会派制、政党が多いので、今日聞いた作業はなかなか難しいなと思って聞いたのですが、これは感想ですけど、やはり経営品質を採り入れた議会の評価の仕方はすごく新鮮でした。経営者の視点とか別な部分でこういう価値観で議会改革を見ていくとか、やっていくということは今までになかったのではないかという気がします。そういう視点でということです。行政の気づきのスパイラルできちんとPDCAを回していくというときに、議会としてはどうなのかといったときの組織として

の有り様。そういう意味でいけば、こういう違った部分でのあり方で、どういうことを目指していくのかはわからないのですが、やはりこういう議論のやり方を納得して進めていくと、また新しい形での議会の有り様が見えてくるのかなと思ったので、とても新鮮な話として聞かせていただきました。

○**中道** ありがとうございます。組織評価をするときの考え方と議会を評価するときは非常に難しい部分があると思っています。政治プロセスの中から議員が誕生して、そして1つの議会という人格を持った組織体として今度はやっていかなければいけない。昨日の敵が次は仲間としてやっていく。しかも、主義主張が違う、ポリシーが違う。いろいろな制約がある中でどこに解を見いだしていけるのか。非常に難しいところはあります。また、委員会の中でも賛否が分かれる。賛否が分かれて採決するわけですが、その前の議員間討議の中で多様な意見が出てくる。それを顕在化させてできるだけ結合改善していくという努力をすることによって、市民の皆さまには「我々の代表もちゃんと言っている」、「ここの地域の課題もちゃんと取り上げてくれているんだ」ということがみんなの前でしっかりと議論されることで結果は結果だけれども、途中についてはいろいろとやってくれたからよしとしようという形になっていければいい。そんな考え方であります。

したがいまして、政策中心だけの考え方という論点だけでなく、政策ももちろん大切ですが、執行機関と善政競争はするのですが、その競争する議会側の1つの組織としての構えがしっかりとしたものになっているか、組織としての人格をちゃんと持ち合わせているかどうか。そもそも我々は何のためにというようなことをしっかりと、いつも青臭い議論をしていかなければいけないのではないか。そう考えてやり始めたところです。

「人格を持った議会」とは？

○**参加者C**　報告の中で「人格を持った議会」という表現ありますが、これは私もいろいろな本を読んでいますが、「人格を持った議会」というのは初めて伺いました。滝沢市がこれから取り組むということで、この「人格を持った議会」というのは、先ほどのいろいろなテーマを実現したときに、まさに人格を持った議会と言えるという位置を作ろうという意味であるのかと思うのですが、それを確認したいです。

○**中道**　「人格を持った議会」になりましょうと言っていますのは、議会としてやはりこれだけは絶対にやろうね。例えば4年間の目標設定をしよう。今定例会はこういうことをしよう。終わったあとにこうだったよね。思いを共有して次なるものへと連鎖していくということです。結果は結果、その次は評決だ、議会は生きものだからわからない、明日は明日の風が吹くというようなことは結果であって、そこに行くプロセスをみんなでルールを決めて市民にしっかりと説明していきながらやりましょうというイメージです。

（中道　俊之）

＊「人格を持った議会」は、故岡本光雄さん（全国町村議会議長会事務局次長）の言葉です（江藤俊昭『討議する議会』公人の友社、2009年、4頁）。

終章

議会改革と議員の資質向上

──参加者との討論を踏まえて──

認識を共有したい2つのこと

○江藤　私から簡単にコメントします。このあと、今日は『ガバナンス』編集長・千葉茂明さんがいらっしゃいますので、感想をお聞きしたいと思います。その後、参加者の皆さんからもう少し突っ込んで聞いてみたいということをお聞きし、それを受けて最後に4人の方々にコメントをいただきます。

　参加された方々は、今日の報告を聞いて、議会改革はそこまで来ているのかという印象を持たれたと思います。ただ、それでも議会改革はたった10年です、本当に加速したのは5年前です。だから、そんなに焦らずに、ただちょっと焦っていただきながら、これらの方向を確認し、そこに行くためにどうしていくのかを考えていただきたいと思っています。

(1) 議会は「住民自治の根幹」

　今日、共通認識を持っていただきたいのは議会の位置づけです。今日の議論に出ましたし、私も言っていますが、「住民自治の根幹」は議会という確認です。もうちょっと砕けた言い方をすれば、首長が直接選挙されていない自治体は世界にはたくさんありますが、議会がない自治体はありません。首長がいない、議長が首長を兼ねることはたくさんあるわけです。首長がいない自治体はあるが、議会がない自治体はないといわれる所以です。それは合議体の住民代表機関が「住民自治の根幹」だからです。それ

にもかかわらず、日本ではずっと中央集権制の下で、これは機関委任事務体制だと言われますが、この状況で首長は強いという傾向、とりわけ執行権という曖昧な言葉がずっとまかり通っていました。

執行機関、および首長の権限という用語はありますが、執行権の概念や範囲がどこにも書いてあるわけではない、法的根拠はないのです。

逆に、自治法でも首長の権限（自治法 149）に対して、議会の権限（自治法 96）がどれだけ重いのかを再確認したいものです。自治法の第 7 章が首長もいる執行機関の章ですが、その冒頭の「普通地方公共団体の執行機関は、当該普通地方公共団体の条例、予算その他の議会の議決に基づく事務及び法令、規則その他の規程に基づく当該普通地方公共団体の事務を、自らの判断と責任において、誠実に管理し及び執行する義務を負う。」（自治法 138 の 2）という条文をかみしめたいと思います。

恐らく中央集権体制、機関委任事務体制の下で、国の仕事をやらなければならないということを「執行権」と呼んで、住民や議会は侵害するなと言っていたのだと思います。それをもう一度原則に戻りましょうというのが、本日の共通認識です。

(2) 議決権限・責任の重さの自覚

もう 1 つは、そういう流れの中で、本日のテーマは議会からの政策サイクルとその評価ですが、その前に議決権限の重さの自覚が議会改革に連動することです。地域経営にとってすべて重要なことは議会が議決している。「住民自治の根幹」だからです。ここを意識することで改革が進んでいます。復習になりますが、議決責任を再確認する。これには説明責任を伴う。「可決されました、否決されました」では単なる報告ですから、な

ぜ可決されたのか、なぜ否決されたのかを説明しなければいけない。説明するためには、首長等への質疑だけではなく議員間討議が必要です。議員間討議をするためには独善性を排除しなければいけない。議員個々の想いはあっていいのですが、独善性は排除しなければならない。そのためには、一方でしっかりとした調査・研究を行うとともに、他方で、住民の声、市民の声をしっかり聞くことです。

　この議決責任の自覚によって、住民と歩む議会、質問だけではなく議員間討議を行う議会、首長等と政策競争する議会が生まれます。その議決責任の重さを議員、そして本来は市民も自覚してほしい。これは会津若松市議会の議会改革の基本になっています。

　その議会改革をさらに進めるためには、議会・議員評価が不可欠になっていることを強調しています。ともかく、議会改革、および議会・議員評価を考える上で、議決責任を自覚することがずっと通底していました。

　今日の議会評価あるいは議員評価について、私は原則をお話しています。もちろん、それぞれバリエーションがあっていいわけです。芽室町は実行計画あるいは研修の計画をメインに出しながら、しかも、それを議会基本条例に位置づけているという特徴がありました。福島町は体系的です。その議会改革について見れば、今日の議会改革の到達点がすべてわかるのではないか。とりわけ評価については「議会白書」を毎年刊行し、単なる議会改革だけではなくて住民福祉の向上に関わるようなこともしっかり位置づけられています。

　そして、会津若松市議会はご存じのように住民福祉の向上の評価を意識的に行っています。議会からの政策形成サイクルを作動させ、評価につなげていく。こういう連動ができています。しかも、会津若松市議会の場合は選挙後すぐに市民との意見交換会、それが自分たちの政策課題を作り出

していく要素となっています。選挙後に行う意味は、今後の4年間に議会として何をしていくのかの目標を新期の議会で明確にします。それを意識した4年間の活動を行うことで、その結果を選挙前にもう一度総括をして市民の前に知らせています。1年間だけではなく、任期の4年間をイメージし活動するとともに、民主主義にとって重要な選挙を入れ込んで議会からの政策サイクルを回しています。滝沢市は、日本経営品質賞を自治体で唯一受賞しているわけです。その蓄積に基づいて議会改革、議会・議員評価に応用しています。議会改革、議会・議員評価という方向は同じでも、こういうバリエーションがあります。

　議会改革、議会・議員評価の共通点と個性を見極め、それぞれの自治体で独自な理論化と実践を行っていただきたいと思っています。

　それでは、質問を皆さんから受ける前に、『ガバナンス』編集長の千葉さんにコメントをいただきます。千葉さんは、『ガバナンス』では編集長を担うとともに、「議会改革リポート　変わるか！地方議会」を連載しています。その前の『晨（あした）』でも積極的に議会のリポートを書かれています。これは当時議会の近況を知るほぼ唯一の雑誌だったわけです。このように、千葉さんは、20年にもわたって議会に寄り添い、その動向を追いかけていらっしゃいました。コメントをいただければと思います。

議会が市民を巻き込んで住民福祉向上の政策を

○**千葉茂明** ご紹介をいただきました、『月刊ガバナンス』編集長の千葉と申します。今お話がありましたように、先週、阪神・淡路大震災が20周年でしたが、ちょうどその頃から地方自治関係の取材を始めました。その翌年ぐらいから、地方議会の取材を始めました。もう20年ぐらい議会にかかわっています。

　江藤先生のお話の中で、今までは前史だったのだ、これからが本史になるということでした。「今まで自分が書いてきたことはみんな前史だったのか、あれっ」とは思いました。でも、逆に今日のさまざまなスタイルの評価のあり方を伺って、非常にワクワク感が生まれたことも事実です。これからどのような議会が、それこそ住民の支持を受け、住民福祉の向上のための議会にステップアップするのか。もしかしたら、今日が1つのスタート・ラインという想いが湧きました。

　その一方で、宮澤昭夫さんがお見えですが、宮沢さんが議会評価をやられたり、新潟県湯沢町議会議員の方が自己評価をやられていました。福島町議会の溝部幸基議長は、これらを学びながら、福島町議会の議会・議員評価を充実させてきています。北海道栗山町議会の議会改革、議会報告会は有名ですが、その起点には橋場利勝議長と中尾修事務局長による本吉町（現気仙沼市）の議会報告会の視察から刺激を受けています。やはり議会というのは、何だかんだと言ってもつながってここまで来たのだなということを思いました。

もう一点指摘します。日本財団でコンセンサス・デザイン・フォーラム2015という催しがあって、それを取材に行ってきました。コンセンサス、合意です。そのパネリストは、静岡県牧之原市、富山県氷見市、三重県松阪市の各市長などでした。首長の側が市民合意ということを非常に意識し始めている。これは大きな流れになってきました。そのフォーラムで、参加者の方が、そういう市民コンセンサスというのは本来議会の役割ではないのか、なんで議会がこういうことをやらないのか、という話をしていました。本日、参加者の方もおっしゃっていましたが、市民の側がどう見るのかが1つ大事なのと、市民を巻き込んだ形で議会が市民と一緒にこの住民福祉の向上の政策を作っていけば、もしかしたら議会の評価は高まるのではないかという感想を抱きました。

○**江藤**　ありがとうございました。限られた時間ですので、ご質問で足りないところ、もう少し深く聞きたいところがありましたら、参加者から一括で受けます。そのあと、こちらのパネリストの方に最後のまとめをしていただきたいと思います。

議会改革のもう一歩 ――参加者の意見を踏まえて――

参加者A 今回このフォーラムを聞いて、事務局長さん方のお話で議会改革がものすごく進んでいるという感じがしました。また、我々がいかに遅れているのかということを感じました。全国の地方議会をもっともっとレベルアップしなければいけない。

　その地域、エリア、県内の議長会で議会改革に向けた話し合いを全然していないのです。何をやっているかというと国の陳情と要望の合意形成だけです。だから、地方の議長さんたちが議会を盛り上げるにはやはり共通した課題でレベルアップしていくことが必要です。小さい議会の議長は自分で努力しても全然張り合いがありません。やはり県の議長会が議会改革の方向をきっちり作っていかないといかない。ぜひ議長会が年に２回ぐらい議会改革に向けて話し合うということにしていただければと思っています。

参加者B 今のお話はそのとおりだと思います。もう１点は、芽室町や福島町などのお話を伺っていて、議員の資質の向上、そこからではないかということを感じました。私たちの議会では、議会改革はかなりの点数をいただいているのですが、果たして中身を見たときにそこまでの資質の向上がなされているのかということには問題があります。そこで、その資質の向上に対して、どういうところから取り組めばいいのかなということをいつも考えています。

参加者C 市議をしております。議長会の問題もありますが、全体で議会そのものが議会改革をやる気がありません。議長選挙に立候補制を採り入れるべきだとずっと言い続けているのですが、それも全然やる気がない。何か議会改革をする突破口はないのでしょうか。

　また、議員の資質の向上についてです。特に感じましたのは、1期目の議員たちが会派制度のもとで会派のボスの言うままにやっている。研修に参加する気もないし、また議員の資質を向上する意欲がない状況です。例えば、議長会において1期目の議員に対しての研修制度みたいなことをぜひ話し合っていただきたい。先ほどお話がありました議長会の向上をぜひお願いしたいと強く思います。

○**江藤**　議長会のことについての議論はこの場では難しいと思いますが、研修など議員の資質向上、議会改革の起点の話などにについて、よろしくお願いいたします。それでは、報告者順でお願いします。

○**石堂**　先ほども千葉編集長が話されていたように『ガバナンス』、その前の『晨（あした）』ですか、それらの発行から20年も経っています。改革を行う環境も悪く、改革を行うという意識レベルが低い中で、ようやく今の段階です。色々な議会改革の資料を見ると、市議会や都道府県議会のレベルはある面私どものような小さな町村議会の域を超えているのではないか。私どもの議会もまだまだ課題があります。それぞれの議会も同様だと思いますが解決に向けて進めている議会が増え、どんどんこの広がりが出てくればいいなと思います。あえて言いますが、福島町の議会改革の大事なバイブルのひとつが『ガバナンス』です。議会側の情報だけでなく、

自治体の先進事例ということで多くのことを今でも学ばせてもらっています。

　北海道は、支庁区分がありますので、各地区の議長をもって全道の町村議長会を構成しています。北海道も全国も一番大事な会長を選出する基準は年功序列（当選回数や議長年数）ではないでしょうか。それならば改革以前の問題だと思っています。

　それと、資質の件ですが、やはり評価しても個々の考え方ということで、うちの議長から言われるのは議会とか行政の常識、自分が常識を疑うことを考えなければならない。まず、自分自身がこれでいいのかという気づきという点になるのでしょうか。そこをやはり議員も、職員でも考えていかなければいけないということです。これはどこのポジションでもそうではないかと思っております。それ以上言いますと議員さんに失礼になるかもしれませんので。

○西科　○西科　まず、議員の資質の向上をどこから着手するかということだと思いますが、私の議会は、４年前まではこういうところに呼ばれるような議会ではありませんでしたし、もちろん名前も知られていないところだったと思います。そこで、私は４年間事務局長としているから絶対に動かさないでほしい、議長は４年間替わりませんので、それこそ契約みたいな形で一緒に４年間頑張りましょうと言った。この４年間でできることは精一杯フルでやってきたつもりでいますが、まずは議員研修を計画的に実施し、それから大学との連携も果たすなど資質向上に取り組みました。

　もう１つは、議会全体の資質を上げるために、議会に計画を導入し、評価を行った。しかしながら、議会議員が自己評価をどれだけ行っても、住民の評価とは異なるものがあります。議会への評価は、最大の課題であり、

議会議員の投票率が20年間で20％落ちているということ自体、評価は高いとは到底言えません。無関心が多いということですね。それでも、別の一面では成果を求められるので、10人の議会モニターと5人の議会改革諮問会議委員で評価もしていただいています。どれだけ、議会改革や活性化に取り組んでも、このような課題は残り続けるだろうと思います。しかし、それでも成果を示すことができるように自己評価をベースにして、計画を作って、それが達成されているかどうかというものさしも持ち続けなければいけないと思っています。ですから、私は研修と議会活性化計画を持つ、その2つが重要だと考えます。

　議長会については、私は北海道の町村議会議長会のほうに申し上げるところもないのですが、ただ私も同じように思っています。北海道には栗山町議会も福島町議会も、それから全国初の通年議会を実行した白老町議会も、登別市議会などの全国に発信するような事例を幾つ議会がありますが、あまり議長会では先進議会の話をされるということにはならない。というのは、議長会は議長の意識の差もあるのか、そういうところを避けていて、むしろ全体的なところはあるのだけど、個別的に先進議会をピックアップした研修会なり勉強会なりをしたがらないのではないかと思っています。

　議会議長会の下に事務局長会もありますが、やっと少しずつその先例を学ぶということでは、研修会の中に入れるようになりましたが、事務局長会でも差があるような気はします。

〇**横山**　会津若松市議会は30人です。会派は7つあります。もちろん会派によってガチガチに固まっているということもあります。しかし、それは国政に対するテーマであったりする場合のことだけです。つまり会派の中

で賛否が分かれることなんて、会津若松市議会はしょっちゅうあります。それはなぜか。それは会津若松市議会が、3人とか4人とか5人とかで会派を作るよりも30人でまとまって市民の中に、会派、委員会、さまざまな立場をすべてガラガラポンをしてまとめた班であります。今から6年前に初めて市民との意見交換会をやったとき、私は怖くてしょうもなかったのです。ほかの先輩議員がいる地区に行って、先輩議員がいない場所で何を聞かれるか、どんなふうに答えたらいいか、全く不安だったです。これは先輩議員に聞いても同じでした。知らない地区にとても入れるものではない。自分の不得意な分野を聞かれたらどうするかというスタートでした。

　しかし、それが今は全く逆です。会派をもう超えているのが、我々の議会の中で行なっている市民との意見交換会を基軸とした班。5つの班があるのですが、この6人のチームワークは素晴らしい、力強いものがあります。したがって、当選した熱意のある若者が会派の中に入って、そして会派のボスの言いなりになって行動する。実にもったいない。本当に議員は多種多様な意見を反映できるのに実に資源の無駄である。

　私は会派をある意味肯定はしていますけれども、会津若松市議会の中においては会派の存在は、それは国政に関するものだけであって、あとは市民と向き合ったときに会派の必要性や縛りなんて全く必要ない。会津若松に調査に来る議会の中で、大都市であればあるほど会派のことで言ってきます。そうすると、我々の調査は議員がみんな対応しますから、議員が共通認識しているのは、会派にこだわってどこを向いているのですか、上を向いているのですか。もっと住民を見てくださいということで、我々は視察に来た議会さんにはそう言っています。ですから、まさに会派のあり方を考えるときにヒントになるのは、手前味噌ですが、私たちがやっている市民との意見交換会です。

それは言いっ放しで報告で終わってはいけないということです。これは必ず回していく。必ずそこに議員の資質の向上がある。もう1つは、総合計画への関わりを今、政策討論会の中でやっていることです。平成29年からまた新しく総合計画が作られますけれども、自治法96条の2項についてどのように議会が関わっていくのかということをきちんとした議論さえしておけば、1期議員だろうが、5期議員だろうが、そこはみんなで住民福祉のためにどこに向かうべきかということはおのずと見えてくる。常に住民に向かう毎日毎日で忙しくならなければならないし、そうすれば我々の活動量も上がってくるし、成果もおのずと増えてくる。そんな議会を今やっていますので、ぜひまた会津若松に来てください。待っています。

○中道　一昨年の1月1日に市に移行しましたので、その前は町村議会議長会、そのあとは市議会議長会、両方を経験しました。どちらかというと町村議会議長会のほうが切実な問題が切迫していまして、議員も10人とか事務局も2人とか、そういう中でどうやってこの危機を乗り切っていこうかということですごく勉強熱心です。市議会議長会のほうはどちらかというと探り合いです。町村議会議長会のときの文化でいますので、全部私がしゃべるわけです。そうすると、「新参者が……」という、そういうカルチャーショックを受けて、市議会議長会のほうは次の総会の場所を決める会議とかで全部「異議なし」で揺らぎがない。町村議会議長会のほうがまだ揺らぎがありました。名物議長さんが発言して、「俺たち困っているのだけど、おまえさんのところはどうだ」ということで揺らぎがあったのですけど、市議会議長会は儀式というイメージが多いです。議会改革なんていうのは命題にはならないし、懇談会も粛々という、そんなイメージです。

議会改革もそうですが、私が行政組織にいたときも改革に携わった経験がありますので、いろいろな方からお話を聞きました。そのコツというか裏話の中で、2・6・2で分かれているので2割がうまくいけば、だいたいなびいていくぞ。それから、キーパーソンが3人必要だ。誰かが首謀者で、その横からツッコミとボケがいて、いろいろなことをやって3人ぐらい首謀者がいればうまくいく。これは実はアンダーグラウンドな3人でいいと思うのですが、会派としての拘束は仮にあったとしても水面下で「いいじゃないですか」と相槌を打ってくれるとか、「ほかにないようですので、これでやってみます。ダメだったら戻ります」とやりながら前に進めていく。後ろを見ないという、そうやっていくやり方が比較的いいのかなと思いました。

　私どもは今、議会改革ランキング42位ですが、その前は100何位とか、ほんの1項目をやっただけでぐんと上がる。そんなレベルですので、たぶん全部の議会は同じレベルにいると思います。こんなに差があるとかではなくて、だいたい同じようなことをやれているし、やれていない。そういう状況だと思っています。あとは、それを本音でしゃべっているかどうかというところに尽きると思っています。どうしても議員の資質の向上というのは難しい話でありますが、事務局とできるだけ信頼関係を持っていただいて、家来のような感じではなくて、事務局も頑張るから対等に話をさせてください。ただ、ジャッジするのは議員ですので、我々は裏方で資料は提供します、お話も意見もさせていただきますということで最近は生意気なことを言わせていただいて、いろいろな議員に受け入れてもらって少しずつ話を進めています。10年早いと言われると二度としゃべれなくなるので、その辺のさじ加減が難しいところです。

○江藤　本日は、議会改革（狭義）から住民の福祉の向上につなげるために、議会からの政策サイクルとその評価を中心に議論してきました。この最後の議論は、それを進める前提でもあり、またそれをさらに一歩進めるための論点がちりばめられています。議員の資質向上の議論が多かったのですが、それ以外にも会派、総合計画、議会事務局職員と議員の関係、といった論点もパネルストのみなさんから今後の重要な論点として提出されました。

　これらの論点は、個別に十分に議論しなければなりません。ただ、パネリストの議論を聞くと、それらの論点は、「住民自治の根幹」としての議会、住民福祉の向上を進める議会を充実させる論点と密接に関連しています。

　議会からの政策サイクルは、議員の資質向上ななければ進みません。そのためには、一方では、研修が必要です。参加者の方々からのご意見は、ここに集中していました。芽室町議会の研修計画は、その実践計画です。この研修によって、いま議会では何が重要かが理解できます。それぞれの議会も重要ですが、それぞれの議会を超えて（議会間連携の重要性とともに）、都道府県別のそれぞれの議長会が果たす役割も高まっていることも確認できました。

　他方では、住民と歩む議会、住民と真摯に向かい合う議会の作動です。会派は重要であるとしても、固定化・閉鎖的ではなく、他の会派にも常に開かれている。そのためには、さまざまな会派の議員が、一緒に住民と向かい合うことの重要性も指摘されています。また、常に総合計画を意識した地域経営を行うことの重要性もです。

　おそらく、この２つの方向は、議員と議会事務局職員とのチームプレイによって充実することになります。その意味で、その関係を問うことが重

要になっています。

　ともかく、2つの方向のどちらが先でなければならないということではないでしょう。研修によって、新たな議会運営が行われるとともに、新たな議会運営によって研修の必要性が高まり、新たな研修テーマが設定されます。

　議会改革は、本史の第二段階に突入しています。とはいえ、中央集権時代に培われた政治文化を、議員はもとより住民もなかなか払拭することはできません。しかし、新たな住民自治、地域民主主義の充実はこの方向です。住民自治の方向は見えてきました。落胆せずに、焦らずに進んでいきたいものです。こう方向に進んでいる先駆者たちのフォーラムの場になったと思います。住民も含めて、さらにこのような場を増やしたいという意欲に駆られています。

　参加者の皆さん、そして全国の議会・議員のさらなる飛躍を願って、閉じたいと思います。

［了］

おわりに

　議会改革の到達点の確認と、さらなる改革の方向の模索を行ってきました。「はじめに」でも指摘したように、議会からの政策サイクルとその評価がキーワードになっています。実践事例では、先駆議会の動向の紹介が行われています。

　議会改革、住民自治の推進だけではないですが、組織改革には「2・6・2の原則」あるといわれています。本著の中でも指摘されています。たしかに、先頭を行く2割の集団、後ろ向きの2割の集団、そしてどちらに行くかどうかわからない6割の集団がいて、改革するには、先頭の2割ががんばってこの6割を前向きにすることだといわれます。この原則を念頭においた改革が必要でしょう。

　同時に、全国の1,700を超える議会全体にもこの「2・6・2の原則」は妥当しそうです。早稲田大学マニフェスト研究所事務局長・中村健さんは、議員の方から言われているそうです。「全国の議会改革を見れば『2・6・2の原則』が成り立つ。先頭の2割の議会がそれ以外の議会をけん引する。その先頭の2割が、どこへ行かけばいいのか、何をすればいいのかを指し示すことが、全国の議会改革をもう一段バージョンをアップさせることになる。」ということをです。

　本著は、模索している6割の集団の努力の効果的な成果を出すためにも、2割の先駆議会の到達点を確認するとともに、さらなる改革の方向を模索しています。先駆議会のさらなる改革とその実践は、それ以外の議会を勇気づけ、住

民自治は進化する——という確信です。このことは、先駆議会以外の議会（たとえば、6割の集団＋2割の集団）が先駆議会の実践を学び、それを超える挑戦を行うことを排除するものではないというより積極的に行っていただきたいと思っています。本著で指摘しているように、先駆議会は固定化しているわけではありません。

　本著は、先駆議会の到達点を中心に編んでいますが、入門・基礎的な内容も加えています（とくに、第1章前半）。ぜひ、読み進めていただきたいと思っています。きっと「ひらめき」があるはずです。そもそも、個性や特徴はあるでしょうが、日本の自治体、議会という同じ住民組織なのですから。

＊＊＊

　本著は、公益財団法人日本生産性本部主催の地方議会議員フォーラム2015「議会改革のフロンティア～議会評価を考える～（2015年1月20日、紀尾井フォーラム）の基調講演（江藤俊昭）、実践報告（西科純芽室町議会事務局長、石堂一志福島町議会事務局長、横山淳会津若松市議会議員・議会制度検討委員会委員長、中道俊之滝沢市議会事務局長）、それぞれの内容を基本としています。ただし、記録集ではありませんので、大幅な加筆・修正を行っています。とくに、序章・第1章は、それまでの地方議会議員フォーラム（2013年2月15日、紀尾井フォーラム開催（テーマ：先進事例から学ぶ、江藤のほか、坂倉紀男鳥羽市議会議長、桑畠健也所沢市議会副議長）、2014年2月7日、紀尾井フォーラム開催（テーマ住民のための議会改革～信頼される議会とは～、江藤のほか、西寺雅也（元多治見市長）名古屋学院大学教授、目黒章三郎会津若松市議会前議長））の内容も参考にしているだけではなく、報告書（全国町村議会議長会編『地方創生に向けた町村議会のあり方』2015年3月）のうち江藤が執筆した部分を一部活用しています。

おわりに

＊＊＊

　本著は、先駆議会の最先端を多くの議会に届けようと編まれたものです。その意欲とともに、2015年フォーラムは、議会改革をけん引してきた石堂一志さんの退職直前でした。そこで、退職記念の意味を込めて出版計画を立てました。すでに、6月末には原稿が集まっていたのですが、編者の怠慢がありずれこんでいました。仕切り直しで、動き出したのは年明けからでした。石堂さんだけではなく、この3月には中道さんも退職されるという緊迫感がありました。大幅に遅れましたが、石堂一志さん、中道俊之さんの退職記念出版とさせていただきます。今後とも、住民自治の推進のために健康でご活躍することを願っています。

　最後になりますが、出版の意義を理解してくださり、時間的な無理を、愚痴もこぼさず、いつも笑顔で真摯に対応してくださった武内英晴公人の友社社長に、ありきたりではない感謝をしたいと思います。ありがとうございました。

【附記】
　私事で恐縮ですが、愛犬・プラムが3回の大手術の甲斐もなく2016年1月27日に亡くなりました（メス、享年9歳）。「冬の巡業」という出張が多い時期に、大学で本著の序章と第1章を一気に書き上げ、家に戻ったところ、1時間もたたないうちに待っていたかのように。本著を手に取るたびに、想い出すことでしょう。冥福を祈り続けたいと思います。（江藤俊昭　記す）

　「地方議会における政策サイクル形成と議会評価に関する研究会」（仮称）を立ち上げます（2016年より）。顧問：北川正恭、座長：江藤俊昭、協力：早稲田大学マニフェスト研究所、事務局：公益財団法人日本生産性本部・自治体マネジメントセンターです。関心がある方は問い合わせをお願いします（03-3409-1118）。

【執筆者略歴】

【執筆者略歴】

江藤　俊昭（えとう・としあき）（編者、序章・第1章・終章担当）
　山梨学院大学大学院研究科長／法学部政治行政学科教授、博士（政治学、中央大学）
　1956年　東京都生まれ、1986年　中央大学大学院法学研究科博士後期課程満期退学
　専攻：地域政治論・政治過程論
　主な著書：『Q&A　地方議会改革の最前線』（編著、学陽書房、2015年）『自治体議会学』（ぎょうせい、2012年）『地方議会改革』（学陽書房、2011年）『討議する議会』（公人の友社、2009年）『地方議会改革マニフェスト』（共著、日本経済新聞社、2009年）、『図解　地方議会改革』（学陽書房、2008年）など多数。現在「自治体議会学」『ガバナンス』（ぎょうせい刊）連載中。
　社会活動：甲府市事務事業外部評価委員会会長、鳥取県智頭町行財政改革審議会会長、山梨県経済財政会議委員、第29次・第30次地方制度調査会委員（内閣府）等、専門的知見（葉山町、豊橋市、国立市等）、を歴任。現在、マニフェスト大賞審査委員、議会サポーター・アドバイザー（栗山町、芽室町、滝沢市、山陽小野田市）、地方自治研究機構評議員、中央大学法学部兼任講師、山梨学院大学ローカル・ガバナンス研究センター長など。

石堂　一志（いしどう・ひとし）（第2章担当）
　前北海道福島町議会事務局長　1954年北海道生まれ。函館有斗高校卒業後、1981年に福島町役場採用。都市計画室、社会教育課、福祉課などを経て1996年から議会事務局。2015年3月退職。現在、写真に熱中。

西科　純（にしな・じゅん）（第3章担当）
　北海道芽室町議会事務局長
　1982年芽室町役場入庁。企画財政課長、住民生活課長、子育て支援課長を経て、2012年から現職。自治体学会運営委員、北海道自治体学会代表運営委員。

【執筆者略歴】

横山　淳（よこやま・あつし）（第4章担当）
　福島県会津若松市議会議員
　平成19年会津若松市議会議員選挙にて初当選。現在3期目。
　会津若松市議会政策討論会議会制度検討委員会副委員長（平成23年10月～）を経て、現在、同委員長（平成25年8月～）、及び会津若松地方広域市町村圏整備組合議会議長（平成27年9月～）。

中道　俊之（なかみち・としゆき）（第5章担当）
　滝沢市議会事務局長
　1976年滝沢村役場入庁。建設課管理係長、総務課長補佐、企画課政策情報室長、経営企画部経営企画課長、経営企画部長、経営支援部経営戦略担当部長、経済産業部長を経て、現在、議会事務局長。この間、新しい自治をめざした行政改革に携わり2006日本経営品質賞自治体部門受賞に関わる。議会事務局においては、政策提言型をめざした議会改革に携わり、2015第10回マニフェスト大賞審査委員会特別賞受賞に関わる。

自治体議会の政策サイクル
議会改革を住民福祉の向上につなげるために

2016 年 3 月 23 日　初版発行

　　編　著　　江藤俊昭
　　著　者　　石堂一志・中道俊之・横山　淳・西科　純
　　発行人　　武内英晴
　　発行所　　公人の友社
　　　　　　　〒 112-0002　東京都文京区小石川 5-26-8
　　　　　　　TEL 03-3811-5701　FAX 03-3811-5795
　　　　　　　e-mail: info@koujinnotomo.com
　　　　　　　http://koujinnotomo.com/
　　印刷所　　倉敷印刷株式会社

ISBN978-4-87555-682-4

出版図書目録

- ご注文はお近くの書店へ
  小社の本は、書店で取り寄せることができます。
- ＊印は〈残部僅少〉です。
  品切れの場合はご容赦ください。
- 直接注文の場合は
  電話・FAX・メールでお申し込み下さい。
  （送料は実費、価格は本体価格）

[単行本]

フィンランドを世界一に導いた100の社会改革
編著 イルカ・タイパレ
訳 山田眞知子 2,800円

公共経営学入門
編著 ボーベル・ラフラー
訳 みえガバナンス研究会
監修 稲澤克祐・紀平美智子 2,500円

変えよう地方議会
〜3・11後の自治に向けて
編著 河北新報社編集局 2,000円

自治体職員研修の法構造
田中孝男 2,800円

自治基本条例は活きているか?!
〜ニセコ町まちづくり基本条例の10年
編 木佐茂男・片山健也・名塚昭 2,000円

国立景観訴訟〜自治が裁かれる
編著 五十嵐敬喜・上原公子 2,800円

成熟と洗練
〜日本再構築ノート
松下圭一 2,500円

地方自治制度「再編論議」の深層
監修 木佐茂男
青山彰久・国分高史 1,500円

韓国における地方分権改革の分析〜弱い大統領と地域主義の政治経済学
尹誠國 1,400円

自治体国際政策論
〜自治体国際事務の理論と実践
楠本利夫 1,400円

自治体職員の「専門性」概念
〜可視化による能力開発への展開
林奈生子 3,500円

アニメの像 VS．アートプロジェクト〜まちとアートの関係史
竹田直樹 1,600円

NPOと行政の《協働》活動における「成果要因」
〜成果へのプロセスをいかにマネジメントするか
矢代隆嗣 3,500円

おかいもの革命
消費者と流通販売者の相互学習型プラットホームによる低酸素型社会の創出
編著 おかいもの革命プロジェクト 2,000円

原発再稼働と自治体の選択
原発立地交付金の解剖
高寄昇三 2,200円

「地方創生」で地方消滅は阻止できるか
地方再生策と補助金改革
高寄昇三 2,400円

松下圭一・私の仕事 著作目録
松下圭一 1,500円

地域創生への挑戦
住み続ける地域づくりの処方箋
監修・著 長瀬光市
著 縮小都市研究会 2,600円

総合計画の新潮流
自治体経営を支えるトータル・システムの構築
監修・著 玉村雅敏
編集 日本生産性本部 2,400円

総合計画の理論と実務
行財政縮小時代の自治体戦略
編著 神原勝・大矢野修 3,400円

自治体の人事評価がよくわかる本
これからの人材マネジメントと人事評価
小堀喜康 1,400円

だれが地域を救えるのか
作られた「地方消滅」
島田恵司 1,700円

分権危惧論の検証
教育・都市計画・福祉を題材として
編著 嶋田暁文・木佐茂男
著 青木栄一・野口和雄・沼尾波子 2,000円

地方自治の基礎概念
住民・住所・自治体をどうとらえるか?
編著 嶋田暁文・阿部昌樹・木佐茂男
著 太田匡彦・金井利之・飯島淳子 2,600円

自治体広報はプロモーションの時代からコミュニケーションの時代へ
マーケティングの視点が自治体の行政広報を変える
鈴木勇紀 3,500円

自治体プロジェクトマネジメント入門
協働による地域問題解決の手法とツール
矢代隆嗣 2,000円

[自治体危機叢書]

2000年分権改革と自治体危機
松下圭一 1,500円

自治体財政破綻の危機・管理
加藤良重 1,400円

政策転換への新シナリオ
もう国に依存できない
神谷秀之・桜井誠一 1,600円

自治体連携と受援力
神谷秀之・桜井誠一 1,600円

住民監査請求制度の危機と課題
田中孝男 1,500円

政府財政支援と被災自治体財政
東日本・阪神大震災と地方財政
高寄昇三 1,600円

震災復旧・復興と「国の壁」
神谷秀之 2,000円

自治体財政のムダを洗い出す
財政再建の処方箋
高寄昇三 2,300円

No.1 地域貢献としての「大学発シンクタンク（KPI）」の挑戦
編著 青山公三・小沢修司・杉岡秀紀・藤沢実 1,000円

No.2 もうひとつの「自治体行革」
住民満足度向上へつなげる行政におけるプロボノ活用の最前線
編著 青山公三・小沢修司・杉岡秀紀・藤沢実 1,000円

No.3 地域力再生とプロボノ
編著 杉岡秀紀
監修・解説 増田寛也 1,000円

No.4 地域創生の最前線
地方創生から地域創生へ
編著 青山公三・小沢修司・杉岡秀紀・菱木智一
著 青山公三・鈴木康久・山本伶奈 1,000円

[地方自治ジャーナルブックレット]

No.33 都市型社会と防衛論争
松下圭一 900円

No.34 中心市街地の活性化に向けて
山梨学院大学行政研究センター
坂口正治・田中富雄 1,200円

No.35 自治体企業会計導入の戦略
高寄昇三 1,100円

No.36 行政基本条例の理論と実際
神原勝・佐藤克廣・辻道雅宣 1,100円

No.37 市民文化と自治体文化戦略
松下圭一 800円

No.38 まちづくりの新たな潮流
中村征之・大森彌 1,200円

No.39 ディスカッション三重の改革
山梨学院大学行政研究センター 1,200円

No.41 市民自治の制度開発の課題
山梨学院大学行政研究センター 1,200円

No.42 《改訂版》自治体破たん
「夕張ショック」の本質
橋本行史 1,200円*

No.43 分権改革と政治改革
西尾勝 1,200円

No.44 自治体人材育成の着眼点
浦野秀一・井澤壽美子・野田邦弘・西村浩・三関浩司・杉谷戸知也・ 1,200円

No.45 シンポジウム障害と人権
橋本宏子・森田明・湯浅和恵・池原毅和・青木九馬・澤静子・佐々木久美子 1,400円

No.46 地方財政健全化法で財政破綻は阻止できるか
高寄昇三 1,200円

No.47 地方政府と政策法務
加藤良重 1,200円

No.48 政策財務と地方政府
加藤良重 1,400円

No.49 政令指定都市がめざすもの
高寄昇三 1,400円

No.50 良心的裁判員拒否と責任ある参加
市民社会の中の裁判員制度
大城聡 1,000円

No.51 討議する議会
自治体議会学の構築をめざして
江藤俊昭 1,200円

No.52【増補版】大阪都構想と橋下
府県集権主義への批判
高寄昇三 1,200円

No.53 虚構・大阪都構想への反論
橋下ポピュリズムと都市主権の対決
高寄昇三 1,200円

政治の検証

No.54 大阪市存続・大阪都粉砕の戦略
地方政治とポピュリズム
高寄昇三 1,200円

No.55 「大阪都構想」を越えて
問われる日本の民主主義と地方自治
編著：(社)大阪自治問題研究所 1,200円

No.56 翼賛議会型政治・地方民主主義への脅威
地域政党と地方マニフェスト
高寄昇三 1,200円

No.57 なぜ自治体職員にきびしい法遵守が求められるのか
加藤良重 1,200円

No.58 東京都区制度の歴史と課題
都区制度問題の考え方
著：栗原利美、編：米倉克良 1,400円

No.59 七ヶ浜町（宮城県）で考える「震災復興計画」と住民自治
編著：自治体学会東北YP 1,400円

No.60 市民が取り組んだ条例づくり
市長・職員・市議会とともにつくった所沢市自治基本条例
編著：所沢市自治基本条例を育てる会 1,400円

No.61 いま、なぜ大阪市の消滅なのか
「大都市地域特別区法」の成立と今後の課題
編著：大阪自治を考える会 800円

No.62 地方公務員給与は高いのか
非正規職員の正規化をめざして
著：高寄昇三・山本正憲 1,200円

No.63 大阪市廃止・特別区設置の制度設計案を批判する
いま、なぜ大阪市の消滅なのか Part2
編著：大阪自治を考える会 900円

No.64 自治体学とはどのような学かの権利擁護
森啓 1,200円

No.65 通年議会の〈導入〉と〈廃止〉
長崎県議会による全国初の取り組み
松島完 900円

No.67 いま一度考えたい大阪市の廃止・分割
その是非を問う住民投票を前にが重視すべき事
編著：大阪自治を考える会 926円

No.68 地域主体のまちづくりで「自治体職員」が重視すべき事
事例に学び、活かしたい5つの成果要因
矢代隆嗣 800円

No.69 自治体職員が知っておくべきマイナンバー制度50項
高村弘史 1200円

No.1 外国人労働者と地域社会の未来
著：桑原靖夫・香川孝三、編：坂本恵 [福島大学ブックレット『21世紀の市民講座』]

No.2 自治体政策研究ノート
格差・貧困社会における市民の権利擁護
今井照 900円

No.3 住民による「まちづくり」の作法
今西一男 1,000円

No.4 金子勝 900円

No.5 法学の考え方・学び方
イェーリングにおける「秤」と「剣」
富田哲 900円

No.6 今なぜ権利擁護か
ネットワークの重要性
高野範城・新村繁文 1,000円

No.7 小規模自治体の可能性を探る
保母武彦・菅野典雄・佐藤力・竹内是俊・松野光伸 1,000円

No.8 小規模自治体の生きる道
連合自治の構築をめざして
神原勝 900円

No.9 文化資産としての美術館利用
地域の教育・文化的生活に資する方法研究と実践
辻みどり・田村奈保子・真歩仁しょん 900円

No.10 フクシマで"〈前文〉"を読む
家族で語ろう憲法のこと 日本国憲法
金井光生 1,000円

[地方自治土曜講座ブックレット]

No.97 地方政治の活性化と地域政策
山口二郎 800円

No.98 多治見市の総合計画に基づく政策実行
西寺雅也 800円

No.99 自治体の政策形成力
森啓 700円

No.100 自治体再構築の市民戦略
松下圭一 900円

No.101 維持可能な社会と自治体
宮本憲一 900円

No.102 道州制の論点と北海道　佐藤克廣　1,000円
No.103 自治基本条例の理論と方法　神原勝　1,100円
No.104 働き方で地域を変える　山田眞知子　800円（品切れ）
No.107 公共をめぐる攻防　樽見弘紀　600円
No.108 三位一体改革と自治体財政　岡本全勝・山本邦彦・北良治・逢坂誠二・川村喜芳　1,000円
No.109 連合自治の可能性を求めて　松岡市郎・堀則文・三本英司・佐藤克廣・砂川敏文・北良治他　1,000円
No.110 「市町村合併」の次は「道州制」か　森啓　900円
No.111 コミュニティビジネスと建設帰農　松本懿・佐藤吉彦・橋場利夫・山北博明・飯野政一・神原勝　1,000円
No.112 「小さな政府」論とはなにか　牧野富夫　700円
No.113 栗山町発・議会基本条例　橋場利勝・神原勝　1,200円

No.114 北海道の先進事例に学ぶ　宮谷内留雄・安斎保・見野全・佐藤克廣・神原勝　1,000円
No.115 地方分権改革の道筋　西尾勝　1,200円
No.116 転換期における日本社会の可能性〜維持可能な内発的発展　宮本憲一　1,100円

【地域ガバナンスシステムシリーズ】
龍谷大学地域人材・公共政策開発システム・オープン・リサーチセンター（LORC）…企画・編集

No.1 地域人材を育てる自治体研修改革　土山希美枝　1,100円
No.2 公共政策教育と認証評価システム　坂本勝　900円
No.3 暮らしに根ざした心地よいまちのためのガイドブック　1,100円
No.4 持続可能な都市自治体づくりのためのガイドブック　1,100円
No.5 イギリスにおける地域戦略パートナーシップ　編：白石克孝、監訳：的場信敬　900円

No.6 マーケットと地域をつなぐパートナーシップ　編：白石克孝、著：園田正彦　1,000円
No.7 政府・地方自治体と市民社会の戦略的連携　的場信敬　1,000円
No.8 多治見モデル　大矢野修　1,400円
No.9 市民と自治体の協働研修ハンドブック　土山希美枝　1,600円
No.10 行政学修士教育と人材育成　坂本勝　1,100円
No.11 アメリカ公共政策大学院の認証評価システムと評価基準　早田幸政　1,200円
No.12 イギリスの資格履修制度　資格を通しての公共人材育成　小山善彦　1,000円
No.14 炭を使った農業と地域社会の再生　市民が参加する地球温暖化対策　井上芳恵　1,400円

No.15 対話と議論で〈つなぎ・ひきだす〉ファシリテート能力育成ハンドブック　土山希美枝・村田和代・深尾昌峰　1,200円
No.17 東アジア中山間地域の内発的発展　日本・韓国・台湾の現場から　清水万由子・＊誠國・谷垣岳人・大矢野修　1,200円

【北海道自治研ブックレット】

No.1 市民・自治体・政治　再論・人間型としての市民　松下圭一　1,200円
No.2 議会基本条例の展開　議会基本条例＝開かれた議会づくりの集大成　その後の栗山町議会を検証する　橋場利勝・中尾修・神原勝　1,200円
No.3 福島町の議会改革　溝部幸基・石堂一志・中尾修・神原勝　1,200円
No.4 議会改革はどこまですすんだか　議会改革8年の検証と展望　神原勝・中尾修・江藤俊昭・廣瀬克哉　1,200円